Histórias entre
Dois Mundos

Sinuhe S. Vieira

Histórias entre Dois Mundos

MADRAS®

© 2018, Madras Editora Ltda.

Editor:
Wagner Veneziani Costa

Produção e Capa:
Equipe Técnica Madras

Revisão:
Jaci Albuquerque de Paula
Ana Paula Luccisano
Neuza Rosa

Dados Internacionais de Catalogação na Publicação (CIP)
(Câmara Brasileira do Livro, SP, Brasil)

Vieira, Sinuhe da Silva
 Histórias entre dois mundos / Sinuhe da Silva Vieira. -- São Paulo : Madras, 2018.
 ISBN 978-85-370-1147-8

 1. Espiritismo 2. Espiritualidade 3. Orientação espiritual 4. Psicografia 5. Transformação Interior (Programa de rádio) 6. Vida espiritual I. Título.

18-17987 CDD-133.93

Índices para catálogo sistemático:

1. Mensagens psicografadas : Espiritualismo 133.93
Maria Paula C. Riyuzo - Bibliotecária - CRB-8/7639

É proibida a reprodução total ou parcial desta obra, de qualquer forma ou por qualquer meio eletrônico, mecânico, inclusive por meio de processos xerográficos, incluindo ainda o uso da internet, sem a permissão expressa da Madras Editora, na pessoa de seu editor (Lei nº 9.610, de 19/2/1998).

Todos os direitos desta edição reservados pela

MADRAS EDITORA LTDA.
Rua Paulo Gonçalves, 88 – Santana
CEP: 02403-020 – São Paulo/SP
Caixa Postal: 12183 – CEP: 02013-970
Tel.: (11) 2281-5555 – Fax: (11) 2959-3090
www.madras.com.br

Índice

Prefácio 7
Histórias entre Dois Mundos – 4/9/2016 9
    Psicossomática 10
    Somatização 10
    Psicografia 13
Trabalho 17
    Psicografia 21
Poder, Riqueza, Pobreza 25
    Psicografia 28
Falar com Deus 31
    Psicografia 36
Será que o Tempo Cura Tudo? 39
    Psicografia 43
Caridade 47
    Psicografia 51
Prosperidade Financeira 55

Psicografia 59
Tempos e Fatos.. 63
Psicografia 66
A Correção Natural do Universo 68
Psicografia 72
Indiferença.. 77
Psicografia 81
Equilíbrio.. 83
Psicografia 87
Os Injustiçados 91
Psicografia 95
Religião não é Passaporte 97
Psicografia 101
Nada é uma Regra 105
Psicografia 109
Somos o que Pensamos 113
Psicografia 117
Nada Está Solto.. 121
Psicografia 124
É Natal.. 127
Psicografia 131

Prefácio

Meus irmãos e minhas irmãs de caminhada,

Este livro tem como finalidade principal contribuir com este novo mundo de regeneração.

A espiritualidade amiga vem nos auxiliar, como sempre, trazendo psicografias (histórias) verdadeiras, que trazem lindos aprendizados, acompanhadas de explicações que vêm ilustrar e fixar mais esses ensinamentos.

Boas reflexões!

Sinuhe

Histórias entre Dois Mundos – 4/9/2016

O corpo fala. Nos dias de hoje é estranho, mas, se você for analisar, muitas pessoas não aceitam que as doenças e as emoções, de certa forma estão ligadas; por exemplo, não aceitam que uma enfermidade possa ser causada por um distúrbio emocional. Se você observar, faz cada vez mais sentido, e com este nosso trabalho, temos verificado que, quando você muda esses padrões emocionais, a doença é atenuada, muitas vezes ela chega a ser abolida. Então, os nossos desequilíbrios emocionais, quando, de repente, não conseguimos expressar o que sentimos, quando guardamos essas emoções, vão degenerando o nosso processo interior, assim quando a boca cala o corpo fala, e hoje a espiritualidade superior vem até nós dizer que, por meio do amor, nós podemos nos curar. Entretanto, nesse momento a espiritualidade quer esclarecer alguns pontos importantes, por exemplo, a pessoa pensa porque ela sente. A força criativa de todo ser não é acionada pelo pensamento e sim pelo sentimento, ou seja, para você pensar, antes tem de sentir alguma coisa, porque são os sentimentos que acionam os pensamentos e são os pensamentos que acionam as ações; então você diz: "Sinceramente às vezes eu falo sem pensar", quando acontece isso é porque você está no automático. Por que você fala sem pensar? Porque tem um conjunto de crenças, e essas crenças, o que são? São conjuntos de sentimentos. Então a coisa funciona dessa forma: nosso subconsciente é a sede de todas as nossas emoções e dos nossos sentimentos. O que queremos dizer para você é que, por trás de toda doença tem uma causa, e por trás de todo acidente, por exemplo, há uma causa. Ou seja, tudo que está acontecendo com você de negativo tem um pensamento, isto é, uma crença negativa, que muitas vezes nós alimentamos ou está registrado no nosso subconsciente; se você teve um acidente, quer dizer que sou eu que estou atraindo esse acidente? É você! Quer dizer que, se estou com uma doença, sou eu que estou atraindo isso? Por meio das minhas emoções? É você! Então, quero lhe falar que todos nós criamos a nossa realidade. Onde criamos a nossa realidade? No nosso campo mental. Por intermédio das nossas vibrações o nosso subconsciente vai materializar isso na nossa vida; então, é por isso que, quando a boca cala, o corpo fala, não é para você segurar essa emoção, se você não a vive, você disfarça, nós estamos aqui é para viver as emoções, conseguir controlar, saber administrá-las. Porque, quando a boca cala, o corpo fala; essa fala do corpo acontece por meio das doenças. A doença está trazendo alguma coisa para você, não é só perturbação, dor, mas também uma consciência. Essa enfermidade pode ser Psicossomática ou uma Somatização.

Psicossomática

Ocorrem alterações clínicas; quando você vai, por exemplo, à clínica, faz alguns exames e a doença não é detectada por exames laboratoriais, você percebe que a causa é psicológica.

Somatização

Você sente sintomas físicos, mas não é doença orgânica; vamos dar um exemplo: uma pessoa que tem síndrome de pânico, esse é um exemplo de somatização, ela vai ter muito medo, porque apresenta sintomas idênticos a um ataque cardíaco, esse ataque dá batedeira no coração, dá medo, sudorese; quem sentiu isso sabe do que eu estou falando. Quando você vai fazer algum exame laboratorial e não é detectado nada, é porque ele é somatizado com um sintoma que está no físico, pois a doença não está no organismo.

Então, na doença psicossomática ou na somatização a questão é: qual o grande segredo? O que a sua alma tenta lhe mostrar nesse processo? Com certeza a sua alma por meio dessa doença está lhe mandando um recado, ela quer lhe mostrar alguma coisa. A doença quer mostrar alguma coisa para essa pessoa; então a espiritualidade quer revelar um segredo para todos nós, é a alma querendo mostrar para a gente alguma coisa, porque as doenças vão muito mais além do físico, elas têm a nascente exatamente na alma. Vamos dar um exemplo para ficar mais claro: as pessoas que adoecem da garganta é porque não falam o que pensam, não significa que a pessoa vai sair aos quatro ventos falando e xingando a todos e dizendo tudo que lhe vem na cabeça; o grande segredo é o equilíbrio e a ponderação, não é o que se fala, e sim como e quando se fala. Quando acontece algum problema emocional essa energia fica dentro da gente, você está direcionando, é por isso que nós temos que tomar cuidado ao se falar. Falar de uma forma tranquila, amena, mas você fala, coloca essa energia para fora, porque nós não podemos ofender a pessoa, é a importância de, até mesmo no sentido da evolução, ter o autocontrole. Ou seja, eu vou falar, vou me posicionar, mas não preciso ofender, não preciso xingar; na verdade, os instintos são importantes para a sobrevivência, mas no momento o controle pela inteligência emocional é o que nos coloca um passo à frente para a nossa própria evolução; nós somos seres humanos, não somos mais aqueles animais pré-históricos que tinham só instinto, hoje nós temos inteligência no sentimento, então precisamos colocar inteligência emocional no nosso ser. É interessante, mas que fique claro que esse caso da garganta foi apenas um exemplo, não quer dizer que todos os seres que fiquem enfermos da garganta seja por esse motivo; outros exemplos: o resfriado acontece quando o corpo não chora, o estômago arde quando estou magoado, muitas vezes quando as raivas não conseguem sair, a diabete invade quando a solidão dói, o corpo engorda quando a insatisfação aperta, a dor de cabeça deprime quando as dúvidas aumentam, o aperto no peito quando o orgulho escraviza, quando a pressão sobre o medo aprisiona, enfim as doenças muitas vezes são oriundas, quase sempre, das nossas emoções desequilibradas. Não é um padrão normal, podem acontecer outras coisas, mas precisamos lembrar, o que acaba não termina, por isso não podemos nos desesperar pensando em coisas negativas, culpando as pessoas. Precisamos perceber que nós atraímos as coisas de acordo com aquilo que vibramos, então necessitamos entrar em contato com a nossa alma, isso ocorre pelo AMOR. Por que é tão difícil entrar em contato com a nossa alma? Porque nós temos vários processos que precisamos resolver: a raiva, cobiça, inveja, o apego, por meio desse controle, você entende suas origens. Qual a origem do medo? Todo medo tem uma origem. Por que estou tão apegado? Por que eu tenho medo de perder? O que nós temos de fazer é uma análise, esse é o famoso mergulho interior, quando você faz isso, quando faz esse mergulho interior, para de guardar as coisas negativas, para de acumular lixo emocional; quando você junta lixo o que você atrai? Rato, mosquito, mau odor, é uma coisa horrível, então, nós não podemos guardar as coisas negativas, temos que soltá-las, e soltar não é culpar as pessoas, não, é você resolver o que está lhe afligindo. Temos de analisar também as pessoas, que são as nossas irmãs. Nesse processo da nossa evolução, na vida de relação, elas são os instrumentos que Deus, nosso criador incriado, usa para dar uma cutucada naquilo que a gente está guardando debaixo do tapete; por que você não gosta daquela pessoa? Porque aquela pessoa "cutuca o que está dentro de você", por isso que Jesus falava: **"Temos que agradecer as pessoas de que não gostamos, elas são responsáveis pela nossa evolução"**. Por isso que Ele disse: "Ame os seus inimigos, porque são eles que fazem a gente evoluir". Essas pessoas que vivem conosco que de repente fazem com que fiquemos tão irritados, tão desesperados; elas são seres iluminados que Deus coloca no nosso caminho para que evoluamos, por isso aquele irmão nosso, espírito, diz assim: **"O mal é o bem mal interpretado"**. Porque todas as pessoas que estão ao seu redor, inclusive você, também ao redor das pessoas, só têm o objetivo de evoluir, tudo acontece com o objetivo da sua evolução. Em contato com sua alma, você entra em contato com a infância, outras vidas, entende que está aqui não só para consertar esta vida, mas também para expurgar, obter conhecimento, evoluir coisas da vida passada; a vida é perfeita, nós precisamos resolver nossas emoções, mas o que é resolver? É você soltá-las, conversar, pare de criticar as pessoas! Vamos ficar numa boa. Ah! Eu estou sentindo, ótimo, por que estou sentindo isso? É apego, então tenho que ir trabalhar o desapego, simples assim, tudo o que está acontecendo na sua vida hoje foi você que atraiu, isso não é legal? Se atraiu coisas boas, parabéns para você, está atraindo coisas boas, mas e coisas ruins, você está num momento ruim? É você que está atraindo essas coisas, o que tem de fazer? Nós temos que fazer um trabalho interior para tirar essa vibração, para você mudar as suas crenças, para começar a atrair coisas boas é simples assim, agora, quando você não consegue fazer isso, quando não consegue direcionar as suas emoções, o corpo vai falar por meio das doenças.

Psicografia

Olá, sou o André, meu período na Terra foi muito curto considerando os padrões de tempo no plano, mesmo assim trouxe muito conhecimento e experiências a mim e a toda minha família terrena. Desencarnei aos oito anos de doença pulmonar que surgiu repentinamente um ano antes. Vivi pouco, mas aproveitei muito, me recordo do sabor doce dos bolos amorosos de minha avó, do contato de meus pés na grama molhada, do cheiro bom de maresia quando íamos para o mar, do pôr do sol e sua beleza. Do abraço bom de meu pai, do beijo perfumado de minha mãe, das brincadeiras e brigas com meus irmãos, da sensação de liberdade de correr sentindo vento no corpo, são lembranças que tento sobrepor à agonia de falta de ar, do sufocamento um ano antes do desencarne, tento esquecer dos remédios amargos, das agulhas que perfuraram meu corpo, dos rostos tristes e abatidos dos meus familiares pelo motivo da minha doença, mas como um homenzinho forte suportei tudo, e dentro do possível com alegria. Apesar de ter um corpo de criança e agora ter recuperado toda minha consciência, percebo que no momento da doença, da internação, eu não fiquei inerte; apesar de meus pais não terem me contado tudo o que ocorria com meu corpo, eu sentia e sabia que meu período seria muito curto junto aos meus; tive um pouco de medo da doença, das dores, medo de ficar preso naquele hospital, mas não tinha medo da morte, talvez porque não pensasse nisso, me questionava se aquilo que estava acontecendo comigo era porque eu reclamava em ter de ir para a escola, ou porque eu não queria comer verdura, ou até mesmo pelas malcriações que fazia com a mamãe, e quando perguntava isso a ela, entre lágrimas que jorravam de seus olhos, ela me dizia que eu era um bom menino, o anjinho dela, e eu ficava todo orgulhoso e muito mais feliz. Depois de vários tratamentos, em oito de dezembro de mil novecentos e oitenta e um, em uma grande agonia pela falta de ar, acordei e vi minha mãe debruçada sobre minha cama, encostada com seu rosto em minha mão, e vários médicos que eu não conhecia entraram no leito, o qual eu já me encontrava ao longo de 30 dias, todos de branco, sorridentes, carregavam uma maca e perguntavam como eu estava. Eu só sorri, uma das médicas passou a mão em minha testa e me perguntou se estava pronto para sair daquela agonia. Naquele momento senti meu coração bater forte parecendo que iria explodir no meu peito. Com muito carinho ela me pediu para fechar os olhos, e eu fechei sentindo naquele instante como se tivesse tirado uma tonelada de cima de mim, senti sua mão sobre a minha, uma sensação boa de alívio e um sono incontrolável, me deixei levar por aquela sensação boa de sono e alívio. Consegui ouvir ao longe um grito estridente que partia da minha mãe, mas naquele momento eu não me dei conta de nada, quando acordei estava num hospital diferente, muito bonito, e essa médica que pediu que eu fechasse os olhos estava agora novamente ao meu lado, mais uma vez toda sorridente me perguntou como eu estava me sentindo, sorri novamente para ela, me sentia tão bem, respirava bem melhor! Lembrei da mamãe que esteve a todo momento ao meu lado no hospital, olhei em volta e não a vi, tentei me levantar, mas Rosinha não deixou, me disse que estava tudo bem, mas que eu precisava ficar deitado para me recuperar logo, perguntei a ela onde estava minha mãe. Naquele momento foi ela que apenas sorriu, beijou minha testa; com certa dificuldade me sentei na cama sentindo um pouco de tontura, foi aí que consegui ver que eu estava num grande salão com muitos leitos, várias crianças de todas as idades, meninos e meninas, alguns choravam, outros dormiam, outros conversavam animadamente entre si, e havia até mesmo alguns nos colos dos doutores que os ninavam carinhosamente como nossos pais; fiquei um bom tempo em tratamento, recebi algumas vezes a visita de meu avô querido, pude visitar meus pais e irmãos e me assustei, estavam muito diferentes desde meu desencarne, meus irmãos já eram adultos, meus pais estavam envelhecidos e sofridos por não aceitarem o meu desencarne; fiquei muito triste por causa deles, mas o vovô me disse que eles ainda entenderiam tudo que aconteceu, queria tanto abraçá-los e beijá-los e agradecer por terem cuidado de mim, mas vovô não deixou, disse que mesmo distante eles sentiriam o meu amor e agradecimento. Nesse momento me preparo para voltar ao corpo, para o seio da minha família; vovô me disse que meus pais ainda vão me ver e me pegar em seu colo, e que vão encher o coração deles de alegria, mas por pouco tempo, pois em breve a mamãe e depois o papai vão ser recebidos pelo vovô no mesmo hospital que eu fiquei em tratamento, estou tão feliz, não vejo a hora de correr e sentir o vento no rosto, de comer o bolo da mamãe que agora será minha vó, de ganhar beijos e abraços, de ver o pôr do sol e sentir toda sensação de liberdade. Terra, aí vou eu.

Programa – 11/9/2016

Trabalho

Ser felizes, é o que nos passam, que é importante a gente estudar, arrumar uma profissão, ganhar bem, depois comprar um carro, casa, apartamento, casar, ter filhos, viajar, ou seja, desde pequenos nos é dado um pacote, no qual seremos felizes, então nós saímos e começamos a fazer tudo isso.

Nesse estágio em que estamos, ser útil é cooperar muito para nossa própria evolução, cooperar com a evolução de todo o mundo, do planeta, isso é muito importante, porém, quase sempre nós verificamos que as pessoas hoje estão insatisfeitas. E a insatisfação traz sofrimento, gerando desequilíbrio, então você conversa com as pessoas e elas não estão satisfeitas, gostariam que tudo fosse diferente, não aceitam as coisas como são, o interessante é que esse pacote que nos é passado sempre é o ideal, e que quase sempre, se você for analisar, não corresponde com a nossa realidade, porque esses modelos de felicidade que são passados pelos nossos educadores, pelas pessoas, muitas vezes não batem com a nossa existência. E aí, você começa a ter metas que dificilmente vai alcançar, por quê? Porque o ideal às vezes é esse que a sociedade coloca para sermos felizes, diz para ter uma profissão, ganhar bastante dinheiro, muitas vezes nos afasta da nossa alma, da nossa realidade, então, nós precisamos entrar em contato com a nossa alma, e recomeçar, verificar o que realmente a gente está fazendo e como estamos fazendo; hoje em dia, se você for analisar, não é mais o ideal, e sim o real. De uma vez por todas, temos de começar a pensar que não existe o certo, não existe errado, não existe o bonito, não existe o feio, não existe o ruim, não existe o reto, não existe o torto; o que existe é você, a sua realidade, o seu sentir, você precisa viver isso de uma forma positiva, e descansar é fundamental, você necessita ser útil, para você e para a humanidade, nos sentirmos úteis é a coisa mais maravilhosa desse mundo, porque o trabalho é uma lei da Natureza. E o trabalho é um dos meios pelos quais o homem vai se aperfeiçoar, vai aperfeiçoando a sua inteligência, praticando os seus potenciais, ajudando a sua evolução e a do planeta; então isso é muito sério. Agora, como a espiritualidade diz, eles têm nos observado, é uma quantidade exorbitante de seres que estão dizendo estar insatisfeitos, frustrados ou até diminuídos por sua profissão; então essas informações que nós vamos passar podem se encaixar em você; nós precisamos perceber que nada, absolutamente nada, está solto, está errado no Universo. Queria passar hoje para vocês que todos estão na família que necessitam estar, com os amigos de que precisam, saber que cada um de nós é uma peça que compõe uma engrenagem; é como vamos pensar, num relógio, estávamos fazendo uma pequena palestra antes da apometria e a espiritualidade falou: "Nós somos como um relógio, fazemos parte de uma engrenagem; aqui nesse mundo nós fazemos parte de toda uma engrenagem". Isso é interessante, sentimos que viver confortavelmente é necessário, ter uma profissão, ter dinheiro. A grande questão conflitante é como saber que profissão você vai escolher, porque percebemos que muitas vezes perguntamos, qual profissão você vai seguir? Eu vou seguir uma profissão que me dê dinheiro, que hoje está muito em alta, que me dê conforto financeiro, será que isso é correto? Então qual a profissão que você vai escolher? Você vai escolher aquela que é do momento? Que dá dinheiro? Ou você vai escolher aquilo que está dentro do seu coração? Que você sente que é bom para você? É válido, se você for analisar, escolher uma profissão baseado em um padrão social. Agora vamos pensar, vamos fazer alguns questionamentos de imensa valia, quando a pergunta for que profissão escolher. Os questionamentos são importantes, porque, quando fazemos um questionamento, o objetivo é dar um norte, a espiritualidade está dizendo, vai dar um toque para todo mundo, falando assim: que tal você escolher algo que você faria de graça e cobrar por isso? É interessante, que tal você fazer uma coisa de graça e cobrar por isso, porque, quando você faz uma coisa de graça é porque gosta, é uma coisa que você faria independentemente da remuneração, você gosta de fazer, você ama; só progride quem faz alguma coisa com amor. Lembrar que toda profissão independentemente de nível hierárquico é extremamente importante; é necessário que compreendamos, assim como dentro de uma organização, todos os setores funcionam de forma interligada, em um país funciona da mesma forma, não existe quem seja mais ou menos importante, por exemplo, como no relógio, qual o mais importante, é o ponteiro? Ou aquela molinha que faz o relógio fazer com que as peças, as engrenagens, andem? Tudo é relevante, não tem uma coisa que é menos importante, todos dentro de sua função colaboram para assegurar a sincronia do todo, assim é este planeta, como, por exemplo, se faz algo que ama, como falamos agora pouco, naturalmente faz melhor, você concorda? Quando você faz alguma coisa que ama você faz melhor; você pode dizer assim, mas não é só de amor que se vive, eu concordo, existem alguns ofícios que não produzem tanta riqueza, mas quero que você reflita bem dentro do seu âmago. Será que é só a grana, é só o dinheiro, ou o pagamento maior que existe no Universo é a satisfação, porque mesmo que você faça uma coisa simples, quando você faz com amor, por si só isso que faz vai lhe trazer alguma coisa suficiente para você viver; nossos amigos espirituais estão dizendo que já viram muitos seres que optaram por profissões que trouxeram *status*, mas cada vez mais se encontravam insatisfeitos, porque nunca descobriram a paixão de ser pagos para fazer algo de que gostavam, porque quando você faz alguma coisa de que gosta é tão gratificante, é tão gostoso. Quem me conhece sabe que trabalho demais, e me perguntam se eu não canso. Digo não; para mim o meu trabalho é uma coisa muito gostosa, eu fico vendo espíritos conversando com as pessoas, claro que a gente está buscando esse equilíbrio, mas quando faz alguma coisa que você ama, não tem frustração, não tem cansaço, não tem trabalho, é um prazer, então a sua frustração muitas vezes advém da ideia enganosa implantada desde a nossa infância na nossa cabeça que só é bem-sucedido quem possui cargo de chefia, ou quem é empresário, não é verdade? A espiritualidade está dizendo para a gente entender uma coisa: que o dinheiro compra pacotes turísticos, mas não compra alegria, compra a cama, mas não compra o sono, compra qualquer tipo de produto, mas não a mente livre, compra seguros, mas não seguro emocional. A felicidade de certa forma é um estado de espírito, e o dinheiro é o complemento disso, mas nós precisamos entrar em contato com a nossa alma. Jesus dizia assim: "Primeiro conquiste o reino dos céus, e o resto lhe será acrescentado". A chave da liberdade está na compreensão de que você nem sempre terá as coisas como quer, mas com certeza terá as coisas de que precisa para evoluir, quando entendemos isso tudo muda, o importante é você fazer uma coisa que ama, que gosta, comece a procurar, comece a abrir o coração, entre em contato com o seu sentimento; toda profissão é muito boa, todo mundo colabora. Muitas vezes alguns homens não dão valor a sua mulher, porque a mulher antigamente não tralhava fora, hoje quase todas trabalham, quando acham um emprego; mas antigamente me lembro que a mulher não tinha muito valor, porque ela não trazia o valor para casa, mas trabalhava muito, mais do que todo mundo, não tinha reconhecimento, trabalho, trabalho, trabalho, que não é brincadeira. E aí, é importante a gente saber se você está sendo útil, é muito trabalho, coloca trabalho nisso, como dizia Jesus: "Meu Pai trabalha e eu também trabalho", então, o trabalho é uma lei da Natureza. Por meio dele vamos evoluindo, nos aperfeiçoando, na vida de relação vai nos desenvolvendo, bendito seja o trabalho de todos nós, vamos ser úteis. A utilidade é uma coisa tão gostosa, tão maravilhosa, e não vamos entrar naquela neura: "só é bom quem ocupa um cargo de chefia", só é maravilhoso quem é empresário, não é isso. Essas pessoas que recolhem o lixo, uma vez eu me lembro, entraram em greve uma semana, as ruas ficaram malcheirosas, muito mosquito, rato, o trabalho delas é muito importante, elas são maravilhosas, ou seja, todo mundo é muito maravilhoso. É interessante, se você vai tomar um café numa padaria, quando a pessoa faz aquele trabalho com carinho, "Oi! Bom dia, tudo bem?", ela lhe dá uma energia gostosa, boa, aliás, eu estava conversando com o rapaz onde vou tomar café, perto da minha casa, e ele disse: "a coisa que eu mais prezo são os meus funcionários felizes, aquele ali tem 20 anos, aquele ali tem 14, aquele ali tem 17, sabe por quê? Porque são eles que carregam essa padaria para a frente, eles sempre cumprimentam com alegria, 'Oi! Tudo bem, tudo bom', aquela alegria". Então é fundamental você gostar daquilo que faz, com amor, coração, pode ser a coisa mais simples do mundo, não existe simples, existe fazermos as coisas com amor.

Psicografia

Meu nome é Lilia, minha passagem na Terra foi muito rápida, considerada em tempo, mas, ao mesmo tempo, muito intensa. Era caçula de três irmãs, era criança muito peralta e sorridente. Ah como era bom ser criança! Meus pais eram considerados anormais para os padrões, sem rumo ou como nós conhecemos muito bem, ciganos. Para quem não conhece vivíamos numa casa-carroça, íamos para onde vento nos levava, éramos uma comunidade de 18 pessoas, um clã muito festeiro e alegre, mas ao contrário do que dizem nunca fomos ladrões, somos simples, sofridos, sofridos pelo preconceito do povo considerado o normal, vendíamos ou trocávamos o que produzíamos, como adornos de corda e pedras que recolhíamos ao longo de nosso caminho, produzíamos também peças de barro, queimadas em forno à beira da estrada, além da Buena-Dicha, que, para quem não sabe, é a leitura do passado, presente e futuro nas linhas das mãos. Trabalhávamos todos arduamente e não roubávamos nada de ninguém, gostamos, sim, de mesa farta, joias, adornos e belos tecidos, que conquistamos por meio de troca e da venda de nossos produtos e conhecimentos; apesar de tanto preconceito, vivíamos livres, felizes e até mesmo confortavelmente; podíamos ter pouco conhecimento ligado a estudos e a profissões daqueles que residiam em moradia fixa, mas a liberdade e a união superavam essa considerada falta, de tempos em tempos tínhamos grandes encontros festivos com os outros clãs. Num desses encontros, quando já estava com 14 anos, conheci Ruan, era um jovem lindo, de 17 anos, com rosto sorridente, muito comunicativo; minhas irmãs que nessa época tinham 13 e 11 anos também ficaram encantadas por ele, mas, para minha alegria, foi por mim que ele se encantou. Em pouco tempo nossas famílias entraram em acordo e, seis meses depois, tivemos uma grande festa. O magnífico ritual de união durou três dias de grandes festejos, vários clãs vieram se juntar a nós, trazendo presentes e alimentos para a grande festa, eu não cabia em mim de tanta felicidade; ganhamos uma carroça do pai de Ruan e partimos juntos, agora no clã maior ainda, éramos 27 pessoas. Um ano depois, logo após o nascimento do meu primeiro filho, Ruanito, o pai de meu Ruan resolveu tomar outro rumo por causa de negócios, e eu me separei de meus pais e de minhas irmãs. Fiquei muito triste, mas precisava seguir com minha família. Três meses depois engravidei de minha filha, Pérola, apesar de todos os afazeres e cuidados com as crianças, minhas grandes alegrias, me sentia muito triste, meu Ruan não compreendia a minha tristeza pela falta de minha família, e sua mãe me cobrava muito ajuda em seus afazeres; ela sempre dizia que eu era muito preguiçosa quanto aos meus afazeres do dia a dia, o que não era verdade. Quase dois anos depois consegui reencontrar com minha família, quanta alegria ao ver minha mãe, meu pai e minhas irmãs, mas essa alegria durou pouco; cinco dias depois partimos com o clã para outro lado, e minha tristeza dobrou de tamanho, agora eu não sabia quando iria encontrá-los novamente. Cristal, mãe de Ruan, notando minha mudança brusca, percebeu minha dor e começou a fazer cobranças em dobro. Minha tristeza era tão grande que eu nem me importava mais. Certa noite passamos por uma tempestade muito grande, as carroças encalharam, todos os homens do clã foram tentar desencalhar as carroças, e meu Ruan quando tentou desencalhar a nossa, sofreu um grande corte no braço direito, o socorremos, cuidamos do ferimento, infelizmente, por uma grande infecção no corte, dias depois ele veio a falecer me deixando sozinha com meus dois filhos; todos entramos em grande desespero, mas nada mais podia ser feito, minha família foi avisada e veio ao nosso encontro, conversei com os meus pais e pedi para voltar ao velho clã com os meus filhos; meus pais foram conversar com os pais de Ruan, que aceitaram a minha volta para minha família, desde que eu deixasse meus filhos com eles, eu não aceitei ficar longe de meus filhos e segui com o clã do qual Ruan fazia parte. Depois de um longo sofrido inverno vim a falecer aos 18 anos, de pneumonia; minha tristeza, agonia e abandono me acompanharam por muito tempo, virei um farrapo, até encontrar uma equipe que me despertou para os bons momentos que vivi quando no corpo com minha família, meu Ruan e meus pequenos, Ruanito, Pérola, hoje entendo que me deixei aprisionar, que não me permiti viver uma nova vida. Ao ver o que a vida me deu de presente, me libertei de todos aqueles sentimentos e sofrimentos, hoje deixo novamente me levar pela liberdade, pelo conhecimento e pelas coisas novas, e aguardo uma nova oportunidade de renascimento no corpo para novas experiências; a liberdade vem de dentro, nós nos damos permissão de sermos livres e alegres ou aprisionados, angustiados. Vivo o que tem de ser vivido, liberte-se de problemas e coisas pequenas, não importa o quanto se vive, mas como se vive a vida.

18/9/2016

Poder, Riqueza, Pobreza

Hoje queria falar sobre essa coisa do poder, e quando falo do poder, eu queria dizer uma coisa muito séria hoje para você desencarnado. Quantos desencarnados que a gente vê hoje no plano espiritual sofrendo, porque foram muitos ricos, só têm uma visão da riqueza, queriam esse dinheiro de todo jeito, também muitas pessoas pobres reclamando muito da sua pobreza. Tanto riqueza como a pobreza são provas muito fortes para nós espíritos, e muita gente só vive em busca da riqueza julgando que nela há felicidade, ou muitas vezes pobres dizendo que gostariam de ser ricos e ter uma melhor condição de vida para ser felizes e ficam frustrados. Depois que você desencarna, você que já desencarnou, percebe que isso era só um complemento, realmente uma prova, o que traz a felicidade para nós não é a riqueza, muito menos a pobreza. Porque um rico que não sabe lidar com essa prova financeira fica muito penoso, e o pobre que se coloca nessa condição de pobre, e acha que a vida dele se torna ruim, pessimista, e só reclama também fica na penúria, porque a riqueza e a pobreza são duas faces da mesma moeda. Quando nós reencarnamos, todos vamos ter provas e desafios, e ora nós podemos reencarnar, como ricos, ora como pobres, o que irá determinar se você vai ser rico ou pobre é a sua necessidade evolutiva, cada um tem sua necessidade por meio de seu espírito. Tem muito pobre que se torna rico, mas não há privilégio na divindade, tem gente que acha que é privilégio ser rico, e não é, existem muitos ricos que não são felizes. Então, tanto a riqueza quanto a pobreza não são privilégios.

Podemos dizer que tanto a pobreza quanta a riqueza são obstáculos que nós precisamos superar, por exemplo, tem muita gente rica que se prevalece do seu dinheiro, por meio do orgulho e da vaidade; se o rico souber usar, vai ser muito bom. A pobreza é outra prova, o pobre pelo seu esforço consegue superar esses obstáculos. Um exemplo, o Sílvio Santos, que com seu esforço e dedicação conseguiu superar, e hoje é um dos homens mais ricos do Brasil, conseguiu transpor esse obstáculo. Tanto a pobreza quanto a riqueza são ferramentas para nós espíritos, que precisamos trabalhar, porque quando você não sabe trabalhar tanto a riqueza quanto a pobreza podem ser um empecilho para você. Há ricos, por exemplo, que têm de resistir aos arrastamentos, às paixões funestas, aos excessos que a riqueza traz, o poder, *status*, se você conseguir passar por tudo isso será exemplo. Na pobreza, por sua vez, é dado também à gente aprender o valor do trabalho, resistir às tentações dos ganhos fáceis, não se corromper e de repente você descobre os valores reais do espírito. Quando você consegue fazer isso, também pode ser um exemplo na sua caridade, fraternidade, solidariedade. Um dos exemplos mais nobres é Chico Xavier, com toda sua doçura, aquela pobreza, mas ele era rico de espírito, percebe? Madre Teresa de Calcutá era rica na alma, porque a coisa material é passageira, ela fica, o caixão não tem gaveta, esqueceu? Vocês, espíritos, quanto sofrem uma vida toda, percebem? Ainda estão reclamando e não notaram que tudo isso ficou aqui, era uma passagem só, eu quero sua atenção. Era uma passagem e você que está aí ainda, sendo atormentado por uma questão de herança, nada mais é seu, saia do apego, você, espírito, que fica se atormentando porque estão gastando todo dinheiro que conseguiu, delapidando tudo que construiu, todos os seus bens, nada é de ninguém; então, tanto poder não é privilégio, o dinheiro rico não é privilégio, a mesma coisa o pobre não tem. Vocês vão dizer que, pobre então, não tem privilégio, realmente não existe privilégio na divindade, tudo é uma prova.

    Acho que todo mundo já conheceu aquela velha frase clássica: "Quer realmente conhecer uma pessoa? É só você dar o poder para ela". Vocês devem estar se perguntando, mas o que tem a ver essa frase com o que nós estamos falando? Tudo, porque a espiritualidade tem nos observado, nós muitas vezes julgamos uns aos outros, por exemplo, aquela pessoa que tem mais padrão aquisitivo, como a pessoa que não tem padrão, é pobre, a melhor coisa é ter um cargo, um nível maior, porque quem tem um nível menor é lamentável. Graças a essa observação do nosso comportamento diário, a espiritualidade quer nos convidar a pensar um pouco, o que faz crermos que ter muito dinheiro é privilégio? E não ter dinheiro é uma prova? Vamos pensar só uma coisa, parar para pensar, que coração de homem é terra que ninguém pisa. Que quem tem muito dinheiro fica sozinho, sabe por quê? Não consegue se relacionar; essas pessoas que têm dinheiro acham que todo mundo que chega perto só querem uma coisa, dinheiro, todas as amizades são por interesse, não existe uma coisa verdadeira. Há uma artista famosa, uma loira, que tem dificuldade de se relacionar, ela disse: "Tenho dificuldade de me relacionar, porque as pessoas me olham como cifra". Quantas vezes pessoas que têm dinheiro, muito dinheiro, que não conseguem chegar perto da família, a família acha que só porque tem dinheiro é obrigado a ajudar, você que tem muito dinheiro já passou por isso? Você tem obrigação de ajudar os pobres, então muitas vezes a pessoa não gosta de mim pelo que eu sou exatamente, e sim pelo meu dinheiro. Nós precisamos colocar em prática, fazer essa observação ao invés de condenar ou absolver, necessitamos nos envolver, o que será essa pessoa que está passando emocionalmente, ela está bem? Você já viu *selfie*? Cerca de alguns meses atrás a pessoa falou para mim: "Olhe, a pessoa tirou a *selfie*, olhe como nós estávamos felizes, duas horas depois a pessoa terminou comigo", ela me mostrou a foto e disse: "Olhe, éramos o casal mais lindo do mundo". Então, o que você aparenta, muitas vezes não é verdade, portanto é muito importante a gente ter empatia, se colocar no lugar do outro, o que aparenta às vezes não é, quando você encontra com a pessoa e pergunta: Você está bem? Ela responde: Ah! Estou bem, tão feliz, mas é tudo mentira! Por isso é tão importante hoje desenvolver o altruísmo, esse amor e interesse pelo próximo, porque ninguém é vítima; precisamos sair dessa situação de vítima. Temos muitas vezes um hábito horrível de nos colocar de vítima porque achamos que a pessoa tem dinheiro, e nós não temos; como a espiritualidade está dizendo, cada um de nos está exatamente onde precisa estar, você está com quem realmente necessita para evoluir; precisamos lembrar que não é a realidade que é difícil, difícil. Na verdade, é a ilusão que nós mesmos criamos, acreditando que, se tivéssemos dinheiro, seríamos felizes, por exemplo, se eu não tenho é por culpa minha. Pare de culpar as pessoas, o cônjuge, os professores, pare de ser vítima, achar que o outro é melhor porque tem dinheiro, tem faculdade, você consegue expor suas ideias, parar de ser bruto, de falar com brutalidade, estamos num novo tempo, você tem condições de falar sem brigar.

Olhe como a vida é frágil, uma hora você está aqui, na outra não está mais, na vida, nas suas ilusões, e desencarna. Precisamos aproveitar mais o dia, a hora; costume entrar em contato com a sua alma, com sua felicidade, o que você vai levar daqui não é a grana, não são reclamações, você vai levar daqui os momentos que teve com quem você ama, com quem você gosta, os sorrisos, abraços, a família, esses momentos bons. Então você diz: "Mas eu não tenho um momento bom"; faça um momento bom, comece a sorrir, saia dessa morrinha que você tem, você está amarrotado, amarrotada, cara feia com pessoas, nunca as pessoas vão ser o que você quer; vamos nos perdoar, todos nós temos nossas limitações, pare de julgar, eu errei, está bom, eu fiz o meu melhor, pare de gritar, discutir. Sabe o que é o amor? É compreender, é amar, somos como as crianças, é assim que a espiritualidade nos vê, com amor, com paciência, dando oportunidade, desculpando.

Psicografia

Olá, me chamo Rafael, Rafael do povo, da vida, nasci em família muito pobre, filho de pais alcoólatras, criado pela vida, pé no chão, roupas rasgadas, revirando lixo, criado entre gritos, socos e puxões de orelha, vivi sem beijos, abraços ou carinho e assim me criei, o céu foi meu teto e a grama meu lar, só após meu desencarne fui saber o porquê de tanto sofrimento, desprendimento; sim, desprendimento. Quando na terra, em outras oportunidades no corpo, vivi, matei e morri por ouro e poder, fiz muitas pessoas sofrerem a meu bel-prazer, me divertia com o sofrimento alheio, meus pais dessa última encarnação, os meus grandes amigos como eu os via, foram grandes vítimas de meu poder e orgulho em vidas passadas. Desencarnei muito cedo por tantos maus-tratos, ingeria álcool para aquecer meu pequeno corpo no inverno, o que logo cedo me tornou um alcoólatra também, junto aos meus pais. Meu aprendizado foi a forma de viver com desequilíbrio, vícios e violência; muito cedo, com aproximadamente 12 anos, no torpor do álcool, na sandice da violência, terminei minha morada no corpo com um canivete fincado em meu peito, por outra vítima do álcool, da violência, assim é, assim foi, assim será como tantos outros que estiveram, estão ou estarão no caminho do aprendizado, foi a maneira que escolhi viver antes de reencarnar, foi a forma que escolhi viver para sair do apego, da ganância e do poder. Neste momento tenho outra visão de vida, uma visão sem grandes extremos, uma visão que a vida não precisa ser tanto apego, nem tanto a falta, mas naquele momento foi a melhor opção que escolhi para crescer e evoluir. O Divino disse sim ao meu pedido e assim transcorreu, não reclame pelo que vive em sua vida atualmente, com certeza é o melhor para seu crescimento e foi você quem escolheu, não julgue o próximo pelo modo que vive, pois ninguém sabe o que se passa no coração de cada irmão, príncipes ou mendigos têm o seu valor, todos, absolutamente todos, podem mudar seu caminho, eu escolhi o meu, e quando no corpo não me dei conta em tentar mudar, mas poderia ter mudado. E o seu caminho, como está? O que você escolheu viver? Não se lembra, mas quer mudar, se quiser mude, melhor que reclamar, reclamar é o mesmo que se acomodar, vamos, levante, sorria, cuide de sua vida, não julgue outros irmãos, cada um está em seu caminho do aprendizado, se não puder dar a mão pelo menos não vire as costas ao próximo, não feche os olhos para tanto abandono e pobreza; a pobreza de alma é a pior das pobrezas que pode existir. Saia do seu pedestal, faça algo, nem que seja uma oração, dê um sorriso a um irmão, mesmo que seja desconhecido. De julgamentos e falta de atitude o mundo está cheio, o que a caminhada no plano necessita é de atitude de apoio, de amor ao próximo. Os seres sofrem no mundo pela falta de amor; quando nos amarmos e nos respeitarmos mutuamente, o planeta entrará em equilíbrio. Se tudo está uma grande bagunça, comece a organizar; vamos lá, é só pegar a sementinha do amor e plantar em sua vida, regue todos os dias com um sorriso, várias orações e vários abraços, em pouco tempo você verá uma pequena planta começar a crescer e se transformar em uma árvore frondosa. Cuide de sua plantinha, somente da sua, enquanto ela crescer e dá frutos, aí, sim, você poderá compartilhar esses frutos com outros irmãos de caminhada, e esses frutos carregam com eles outras sementes que podem ser plantadas. Mesmo sendo mendigo você pode viver e se transformar em um príncipe, mas lembre-se: existem muitos príncipes que sofrem e vivem muito pior que mendigos, não se apegue a nada, nem a ninguém, pois nada realmente é nosso além do amor. Vivi na terra como um mendigo e hoje, com muito esforço, me coloco no caminho de um príncipe de amor.

25/9/2016

Falar com Deus

Você quer falar com Deus? Então vamos falar com Deus. Allan Kardec, quando codificou a doutrina espírita, fez uma pergunta para os amigos espirituais, os espíritos da verdade, ele perguntou assim: "O que é Deus?" A espiritualidade superior respondeu de uma forma sintética e precisa: Deus é inteligência Suprema, causa primordial de todas as coisas, e um dos seus atributos é o amor; aliás, o maior atributo Dele é o amor, e esse amor Ele tem para conosco, porque é por meio da Natureza que Ele providencia tudo para gente, todas as nossas necessidades são acertadas de acordo com a Natureza. Outro tributo é a sabedoria, porque, por intermédio das suas leis, sábias e justas, Ele rege todas as relações nesse mundo, todas as coisas do Universo; outro atributo é a justiça, sua justiça, porque Ele nos criou, vamos progredindo sempre. Ele nos concede o quê? A reencarnação como uma nova oportunidade de retornar, então você sempre está retornando aqui para este planeta, ocupando um corpo físico, para corrigir erros, imperfeições, e muitas vezes está aqui para quitar algum débito, e assim continuamos aprendendo rumo à perfeição, a perfeição realmente é nossa meta final, tudo que acontece na sua vida tem uma finalidade; estamos dizendo tudo, nada acontece por acaso. As pessoas que você encontra, as pessoas com as quais trabalha, sempre há uma finalidade inteligente, que é fazer você progredir, ter experiências, isso é muito importante, a espiritualidade vem nos dizendo que todos nós somos um pedaço do Divino; você, eu, nós temos essa semente do Divino e, a partir dessa afirmação, podemos até questionar se cada um de nós é um pedaço do Divino, o que faz crermos que não podemos acessar o nosso canal diretamente com Deus, dizendo que necessitamos de outra pessoa, de repente, de alguém que achamos mais espiritualizado, talvez alguém um pouco mais velho tenha um pouco mais de experiência, mas eu quero lhe falar, a espiritualidade quer lhe afirmar que você pode acessar esse contato direto com o Divino, porque nós temos essa semente. Sabe de uma coisa? Ao longo de nossas vidas, nós vamos construindo ideias tão fortes, que não conseguimos muitas vezes transformá-las, parece que essas ideias são aquelas cláusulas pétreas, é uma coisa. Não conseguimos sair, e aí muitas vezes, por esse motivo, essas ideias, achamos que precisamos sempre de alguém para acessar esse poder, essa força que é Deus, mas nós temos essa semente, nós somos parte, então quando assim pensamos ficamos cada vez mais distantes de Deus. Ou seja, a gente fica mais distante do amor. Eu, quando estudava no colégio de freira, padre, pensava que Deus era um cidadão bravo, que ficava sentado num lugar com o dedo em riste, dando pena para nós: "Agora você vai fazer isso, você fez aquilo". Isso não é Deus. Ele não é uma pessoa brava, Ele é pai, e como pai maior, não é tirano, é misericordioso, porque justiça sem misericórdia é tirania, e o Divino, nosso criador incriado, não é tirano. Precisamos tirar essa ideia de certo e de errado, quando a gente faz alguma coisa que é errada. É simples, você fez aquilo que achava certo, estava no seu momento, e se você for analisar, for olhar para vida, para trás, com certeza faria algumas mudanças, hoje você faria, mas naquela época não fez porque tinha uma crença, era daquele jeito, você tinha uma ideia, hoje talvez você mudou essa crença, então se ficarmos pensando no que é errado, no certo, nós vamos nos enganar.

Vamos pensar assim: nós estamos no nosso degrau de evolução, e as pessoas estão no seu degrau de evolução. Nós temos de começar a trocar as coisas, você tem que trocar o ódio pelo amor, por exemplo, o fracasso é só um resultado de uma tentativa que você fez. Quando você tem um fracasso, você sabe como não deve agir, e então parte para agir de uma forma diferente; nós temos de eliminar os rótulos, temos que examinar o conteúdo, não ficar com o rótulo. Então não podemos acreditar na ideia de que existem seres mais iluminados, por serem menos pecadores. Conheço pessoas que acreditam, por exemplo, às vezes em um pastor, às vezes em um presidente do Centro Espírita, às vezes em uma pessoa que acha que é iluminada, pondo o conceito dela lá em cima. Todos nós temos problemas, acontece alguma coisa, algum erro e você se desilude. Uma vez me falaram assim: se existe a doutrina espírita, existem os espíritas, se existe a Umbanda, existem os umbandistas, e assim por diante, existem os crentes, existem os evangélicos, então temos de discernir uma coisa da outra. Uma coisa importante: todos nós somos iguais, quem faz essa diferença somos nós, por exemplo, algumas pessoas fazem diferença de que uma religião é boa, outra ruim, mas quando desencarnamos, no plano espiritual, apesar de nós muitas vezes ficarmos divididos, por uma questão de sintonia, no plano espiritual superior, os nossos amigos espirituais quando vão nos ajudar, eles não perguntam se você é evangélico, se você é umbandista, do Candomblé, espírita, se é ateu, à toa, simplesmente você vai ser conhecido conforme as obras do seu coração. Precisa tirar esses pré-conceitos, que o Divino vai sair da nuvem, vai vir nos encontrar, com voz de locutor, quando, na verdade, a voz de Deus está dentro de nós, é no seu silêncio que você vai ouvir a voz de Deus. Agora, para você entrar em contato com Ele, com essa força maravilhosa, é importante que você entre em contato com a sua alma. Precisamos entender, compreender, nós precisamos pedir perdão, precisamos perdoar, precisamos parar de criticar e julgar, porque cada um está no seu degrau de evolução.

Acho que você levanta como levantou hoje, você que está na cama ainda no quentinho, não acorda de manhã e diz assim: hoje vou fazer tudo para estragar meu dia, eu vou fazer tudo para estragar minha vida, vou bater o carro, comer uma comida que vai me dar uma intoxicação, uma diarreia, isso não existe, existe? Acredito que não, todos nós levantamos de manhã, mesmo com depressão, com problemas emocionais, mas nós levantamos, queremos acertar, queremos ganhar dinheiro, encontrar nosso amor, queremos paz, queremos uma vida melhor, não é só você, não é só eu. O que acontece? Muitas vezes, com as nossas imperfeições, não são as pessoas que nos fazem as coisas, somos nós que nos abrimos para as coisas negativas, somos nós, com os nossos pensamentos, com os nossos sentimentos, que atraímos as coisas para perto de nós, atraímos uma série de coisas. Graças a tudo isso você tem que mudar e melhorar, então, nós temos de viver com a nossa alma; o que é viver com a nossa alma? É viver centrado no bem, viver centrado no amor, parar de se criticar, parar de criticar o seu próximo, é você se autoestimar, é você se amar, é você, de repente, como todo mundo gosta de elogio, que tal elogiar mais as pessoas?

Nós temos de entender uma coisa: deixe que a sua alma opine pelo certo; se você quer tanto ouvir o Divino, precisa encontrar de verdade primeiro a sua alma. É verdade, primeiro a sua alma, como a espiritualidade está dizendo aqui, que já notaram quanto a idolatria pode ser perigosa. Você pode estar perguntando: "o que será idolatria?" Justamente, você cria ideias, quando você acredita que para seres puros, para seres que não são pecadores, seres que você pode jogar a sua vida. Deixe eu falar uma coisa: confie em Deus e no seu interior, entre em contato com a sua alma, seja cuidadoso, deixe esse lado bom fazer parte de você; se você for analisar, todos temos esse lado bom, maravilhoso, é verdade, é só você começar a olhar o seu Divino e saber que as pessoas também são divinas, é você começar a olhar as pessoas de verdade como seus irmãos, pois nós somos irmãos, só que estamos em degraus de evolução diferente, só isso. E como você erra porque não nasceu com manual de instrução, eu também não; é preciso ser corajoso e tentar acertar, e nessas tentativas eu vou errar, você vai errar e, graças a esses erros, essas tentativas, nós vamos vendo qual é o melhor caminho para nós; então temos de ter paciência, temos de ter tolerância, temos de parar de criticar tanto as pessoas, de se autocriticar. Você se julga, porque tem gente que se atormenta, a pessoa tem síndrome de perfeição, sabe aquela coisa, não é possível, você está se denegrindo, você está fazendo sabe o quê? Está se auto-obsediando, você está se sabotando, e você quer ser feliz? Você tem de respeitar esse ser divino que existe em você, sabe por que faz tudo isso? Você faz tudo isso por causa do ego, temos que tirar o ego, nós temos de entrar na nossa alma, ela é divina, está tudo certo, tudo aquilo que você faz está certo, sabe por quê? Porque Deus conhece você como conhece a mim, todos os fios do cabelo estão contados, nós estamos aqui e nós vamos tendo experiências, só que nós temos que ter experiências e nos cuidar e perceber, eu preciso ter toda a experiência com amor, não coloque o lado material acima do espiritual.

Somos espíritos tendo uma oportunidade aqui na matéria, não somos da matéria e temos uma oportunidade no espírito, nós somos espíritos. Deixe eu lhe falar uma coisa: nessa passagem é importante treinarmos o jeito de pensar, o jeito de falar, o jeito de sentir; isso é um treinamento, é importante amarmos a nossa família. Começar a tentar amar os nossos irmãos, para começarmos a tentar pelo amor incondicional, sabe aquela coisa, se alguém lhe fez mal e você sentir-se mal, não foi a pessoa, ela só estimulou o que tem dentro de você, então você tem de entrar em si e analisar o seguinte: sou uma pessoa Divina, posso praticar o perdão, posso praticar a tranquilidade, eu por meio dos meus pensamentos, dos meus sentimentos e das minhas atitudes não preciso estar no Caribe, não preciso estar nos Estados Unidos, na Disney, posso estar na minha casa, posso fazer aquele espaço gostoso, de luz, preciso ter coragem, dar o primeiro passo, preciso mudar meu padrão vibratório. E para isso, quando você entra em contato com Divino, aí você entende quando Jesus dizia: "Eu estou em meu pai e meu pai está em mim"; o que é entrar em contato com o Divino? É você ficar bem consigo, por exemplo, levantar e agradecer; a gratidão é uma coisa tão maravilhosa, é o princípio da prosperidade, agradecer por esse dia, esse momento, as pessoas que estão à sua volta. Você já percebeu quantas pessoas precisaram para você comer esse arroz, comer um pão, quantas pessoas trabalham a seu favor, aí você vai falar: as pessoas ganham, mas todo mundo colabora com todo mundo, assim vamos. Nós temos que tirar isso tudo, o egoísmo, o orgulho, todos nós colaboramos com todo mundo, é importante e interessante, quero que você pense hoje, quando estiver almoçando, quantas pessoas colaboraram para o prato de comida que está aí. E você então precisa agradecer, agradecer que está vivo, com saúde, veja qual experiência você pode tirar desse estado aparentemente ruim, porque tudo, como dizia Paulo: "funciona para que a gente descubra na gente o ser Divino", para que a gente se ligue mais no Pai. Por exemplo, se você está com algum problema, dificuldade, escassez, dor, está com raiva, desempregado, necessitado, sabe por que está assim? Você está longe da sua alma, quando nós estamos longe da nossa alma, então não temos conexão com o Divino, quando você começa a ficar perto da sua alma, consegue fazer aquela conexão com o nosso Criador incriado, nós somos parte Dele. Hoje o convite é para que você entenda que não precisa de ninguém para fazer essa conexão, assim como eu faço por meio da prece, mas não a prece decorada e sim a de coração.

Quando você está fraco, sendo forte, naquela hora que a pessoa está abatida, ela está sentindo, se ajoelha e diz: "Meu Deus, me ajude". Poxa, você está mexendo com a sua alma, sentimento, e está se ligando com o Pai, porque o Pai, nosso Criador incriado, é amor, sentimento, o sentimento maior do planeta, do Universo, o amor e a harmonia. Tudo funciona, de forma equilibrada, e o que você está esperando para entrar em contato com o Divino? Para isso você precisa se acalmar um pouco, comece a aceitar a vida como ela é, as pessoas como são; você precisa parar de viver para os outros e viver um pouco para você, precisa se concentrar em si mesmo, no seu melhor e dar o seu melhor, porque tudo que sai de você volta para você, tudo: pensamento, sentimento, atitude; então vamos começar a fazer essa conexão, primeiramente com o seu ser Divino, depois com o nosso Criador incriado. Quando você se levantar, diga: sou Deus em ação, sou Deus, sou o cara, porque essa partícula Divina está em mim, eu tenho essa consciência.

Psicografia

Ai que saudade que dá, saudade da bela menina, da alegria que contagia, saudade do amor que contamina, saudade da vida passada, da vida que não volta, do mundo que dá voltas, vontade de sorrir, cantar, caminhar, vontade do sorriso faceiro, do abraço maneiro e do despertar gostoso, beijo carinhoso que chega a estalar. Vida que se acha, que se leva, mas que, no fundo, se é levado pela vida. Mundo que gira, gira mundo e que faz a roda girar e a roda que gira, que tanto contamina; é a saia da bela menina, que faz o mundo girar, ai que saudade que dá, saudade da bela menina. E foi assim entre versos e prosas, entre músicas e rodas que vi minha vida passar e a vida tão breve, como um piscar de olhos ou num estalar de dedos; mas quando se leva uma vida leve se tem o que de bom guardar, e são esses sorrisos e beijos precisos que me levam a sonhar, sonhar acordado de um grande legado que eu construí, vendo a banda passar, mas não só olhei, eu também acompanhei, porque senão que graça teria não participar?

Com coração alargado de tantas experiências, continuam a caminhar, e de alma lavada aguardo a oportunidade de voltar, voltar para a vida de vidas vividas, da grande boêmia; agradeço de peito aberto, sorriso largo e chapéu na mão cada um que me deu oportunidade de falar e veio aqui só para me escutar, eu não sou orgulhoso, mas vaidoso, pelo dom que tenho de rimar, e de rima em rima eu levo alegria para quem queira escutar.

Com o jeito faceiro, sorriso maneiro, tenho um levar a vida que eu acho que devo levar, e levando eu vou à vida que me leva, não me deixe parar, nem parar eu quero, vivo ou morto, se morto eu posso falar, pois morto nunca fui, por que agora será? Quem é leve vive e deixa viver, sabe o que é despertar, o despertar da verdade que é o amor, cada um tem um caminhar. Agora me despeço com muita alegria, lembrando que a vida que é boêmia, que alegria só é vivida por aqueles que têm uma caminhada de Deus, na caminhada que Deus nos dá. Um abraço maneiro de um velho boêmio de chapéu na mão.

2/10/2016

Será que o Tempo Cura Tudo?

Será que o tempo cura tudo? Vamos entender, primeiramente, que os problemas que temos na vida são oportunidades de crescimento, é por meio deles que nós vamos procurando a nossa melhora, a nossa evolução, porque quando você tem problemas, começa a treinar aquilo que tem aí dentro de si, e você não sabe quais são os potenciais. Se você for analisar a própria natureza do nosso planeta, se for pensar mesmo, constitui um problema, por exemplo, a sobrevivência aqui no planeta, a perpetuação da nossa espécie, a necessidade da segurança, o conforto, para conseguirmos tudo isso nos deparamos com inúmeros problemas. E nós devemos vencer esses problemas a todo instante, é todo dia, todo momento você está encontrando problemas, então o desenvolvimento do espírito acontece exatamente para resolução de problemas. Mas precisamos deles para crescer, para nos fortalecer; agora, será que o tempo cura tudo? Quando a gente fala que cura tudo: dores da nossa alma, por exemplo, um amor que acabou mal resolvido, um emprego que você perdeu, sem explicação, de repente foi mandado embora e não esperava, faltando pouco tempo para você se aposentar, um casamento que mal começou e já terminou, quando amizade termina com uma traição, a sua melhor amiga, o seu melhor amigo o traiu, isso acontece muito, e aí aquela solidão que você sente, a pessoa que de repente o trocou por outra, tudo isso deixa marcas profundas. Por exemplo:

alguém que partiu sem você esperar, e pensamos: "quem desencarna geralmente são os mais velhos". De repente faleceu uma pessoa, é um anjinho, mas foi que aconteceu, isso gera desilusão, uma decepção, essas são as dores da alma.

    Deixa eu lhe falar uma coisa também: as dores da alma também são aprendizados, mas nós precisamos trabalhar essas dores, e olha não adianta você tomar remédio, comprimido, beber, fugir, se drogar, ficar no quarto escuro, tampar o rosto com travesseiro, não adianta nada, essa dor da alma não sai no jornal, não sai em capa de revista, só quem sente pode avaliar o estrago que ela causa, vem uma pessoa fala: "esquece ele, esqueça isso, acontece com todo mundo"; não importa com todo mundo, aconteceu com você, ela o traiu, ele a traiu, você confiava na pessoa, a pessoa o traiu, deu uma facada pelas costas, puxou seu tapete, aquela pessoa que dorme junto com você, de repente, você descobre que é seu maior inimigo ou sua maior inimiga. Isso dói, dói saber de uma coisa quando você está encarnado, como dói quando você está desencarnada(o), machuca ainda mais, e as pessoas no segundo bloco me ligam, e eu falo com os desencarnados, você não sabe como os ajuda os que estão sentindo essa dor. Uma pergunta que a espiritualidade faz é: será que o tempo cura tudo? É interessante, a espiritualidade dizendo que é uma das frases mais utilizadas por nós aqui, o tempo cura tudo, essa afirmação tão consistente; será que cura mesmo? O simples tique-taque do relógio é capaz de mudar a dor da alma? Você desencarnado sabe o que eu estou falando, você que está aí nos umbrais inferiores, está escutando só minha voz, a espiritualidade não é a dona razão, tampouco da verdade, mas pode nos dizer com certeza que ninguém além de nós mesmos pode se curar, isso é muito sério.

    A grande questão é que ao longo da vida somos educados a não encarar essas questões que nos trazem dor, nós somos educados para esquecer isso. O processo de esquecer usa uma coisa muito bacana como aliado, que é o tempo, será que o tempo cura tudo? Como as pessoas afirmam, por que será que eu não quero falar sobre isso? Você chega para a pessoa, por que você está com dor? A pessoa emagrece, fica tão mal, diz que não quer falar sobre isso, porque lhe traz dor! Será que você não falando sobre isso que está causando dor, vai sarar? Aí a pessoa diz: recordar é viver! É verdade, falar sobre alguma coisa e ainda doer é sinal de que você não superou essa dor. Sabe de uma coisa: nós temos uma tendência a fugir da dor, quanto mais você foge, mais dentro você fica, você não sabe como é perigoso fugir, a consequência da fuga, como a espiritualidade está dizendo, é similar ao efeito de se debater e se desesperar quando você cai numa areia movediça, quanto mais eu me debato, mais eu afundo. Aí você que está lendo, você encarnado, pode dizer: imagine, para não pensar na dor eu me distraio, porque quando estou me distraindo eu esqueço, então tem gente que bebe, fuma, se droga, aquele assiste a filme, não quer sofrer. Mas o que a espiritualidade quer dizer é que aqui é uma escola, uma eterna escola, não adianta você decorar, porque quem decora esquece e quem aprende registra. Agora que nós precisamos encarar os nossos problemas, a grande questão é que somos um pouco mimado, não gostamos de sofrer. A gente quer fugir, não quer se ocupar dessa experiência porque isso traz dor. Então não quero falar, eu não quero passar de novo por isso. Tem muita gente que termina um relacionamento, e alguém diz: "a melhor coisa para curar essa dor é um novo relacionamento, arrumar outra(a) namorada(o)" e não é isso, minha gente. Em alguns casos perguntam assim: "você saiu por cima ou por baixo?" Ou seja, quem está sofrendo saiu por baixo, você que não está sofrendo saiu por cima, é muito interessante, eu não sei se você já presenciou algumas pessoas assim quando terminam relacionamento, e diz assim: "diz uma coisa: quem terminou. Você ou ele?" Segunda pergunta clássica: "foi ele que a traiu, foi ela que o traiu?" Não importa quem tomou a decisão, o motivo diante de uma alma ferida, a espiritualidade está aqui para lhe dizer que eles entendem a dor de cada um de nós, mas temos de saber como isso está registrado na nossa alma, nós temos que encarar, é de suma importância você viver essa dor. Tem uma irmã que perdeu um irmão, ela trabalha lá no espaço, uma querida, trabalha muito lá no espaço, além de todos os trabalhadores que ajudam, morreu o irmão dela e ela não chorou, aí eu falei assim: "vem fazer terapia!" Ela veio fazer terapia, e aí chorou, porque ela chorou o luto, veja que interessante, cada um tem o tempo para superar o que está acontecendo, não existe regra, aí você diz: "Ah! Eu vou passar um período sem dor, vou chorar, não vou chorar tanto". O mais importante é que você viva o momento que está passando, de repente você perdeu alguém, nesse instante está triste, viva esse momento, depois que você viver esse luto, aí sim, supere, e quando você entender, verá que toda a vivência neste planeta tem uma finalidade de aprendizagem, e não é uma tortura ou uma punição. Você está sofrendo essa dor emocional, você tem de tirar a lição disso, superar isso, não faça comparação com as pessoas, com você, não entre naquela coisa do poderia, deveria. Tudo acontece segundo nosso grau maturidade, de evolução, do momento que você está, nada além disso. Nós temos de colecionar aqui neste planeta, na nossa vida, aprendizagem, e não culpa, vamos lembrar que nós podemos ocultar, pode enganar, mas da nossa alma, não, da sua alma você não oculta. É muito importante, seja o que você estiver vivendo, entre em contato com a sua alma, sabe por quê? O que se leva da vida é a vida que se leva, ficam os registros da nossa alma. Cabe a cada um transformar essa dor em experiência, é verdade, lembrar que quem aprende, registra, e quem quer esquecer, fica atormentado pelo fantasma que você trouxe, que mesmo alimenta; você diz: "não quero mais pensar nisso, eu quero mudar", você precisa curar a sua alma. Sabe de uma coisa: quando você cura seu corpo, o corpo físico, quando você tem uma ferida, uma chaga, qual o procedimento? Você vai ao médico, chega lá, ele vai fazer o quê? Vai abrir essa ferida, fazer uma limpeza profunda, vai colocar remédio e falar para você: "mantenha esse lugar limpo, para que a cicatrização aconteça mais rápido". E a ferida da alma, como você faz? O processo é o mesmo, é preciso encarar essa dor da alma, você precisa ver a ferida da sua alma por dentro, abri-la por dentro, depois de ela aberta, limpar, medicar, assim ela vai se curando, e vem a cicatrização, só que para curar as dores da alma você precisa usar o bisturi da verdade, não a verdade do mundo, usar a verdade a seu respeito, a mente. Você se engana, fica se comparando com as pessoas, não podemos nos comparar, a dor é sua, você sentiu de uma forma, use o bisturi da sua verdade, abra mais a ferida e tire os micróbios que a afeta: a mentira, a ilusão, a culpa, quantas vezes a culpa que você delega a outra pessoa, ou melhor, critica. Aí você usa aquele remédio que cura tudo, o perdão, e para você perdoar o outro, precisa se perdoar: "ai, mas eu poderia ter feito diferente!", mas não fez, porque estava no outro momento, só isso; por que a pessoa não fez? Não fez porque não sabia, ela lhe deu o que ela tinha, "mas ele(a) poderia fazer isso, poderia fazer aquilo", mas não fez por quê? Como você pode dar uma coisa que não tem? Por isso a crítica é infundada, é preciso perdoar, entender as pessoas, porque cada um dá o que tem: "porque meu pai poderia ter feito isso, minha mãe não devia ter feito aquilo", mas meu Deus do céu, a pessoa não fez e não lhe deu porque ela não tinha, "mas meu marido não percebe?" Não, não percebe. Por isso é importante conversar, dialogar, não discutir, não duelar, falar, deixe eu falar para você o que eu sinto, não criar expectativa. Mas eu sinto isso, gostaria de vez em quando de sair, gostaria de vez em quando de me divertir, gostaria de vez em quando que a gente pudesse comer fora, falar sem cobrar, sem criticar, sem ser dono da verdade ou a dona da verdade, compreender, pedir desculpa.

Psicografia

Meu nome é Lombardi. Vivi num período na Terra muito intenso, período de guerras e vitórias, padrões e conceitos, período de até mesmo sarcasmo.

Nasci em terra nobre de sangue, nome nobre, vivi nas chamadas cruzadas, homem forte, destemido, usava quem quer que passasse em minha frente, fui criado para ser um todo-poderoso e assim vivi, sendo servido. Era superprotegido por minhas tropas, sendo quase inatingível, até certo dia, numa batalha, por um descuido, fui atingido pelas costas, flecha certeira a qual transpassou meu coração. Naquele exato momento, além da dor, senti a fúria de ter perdido a batalha, e sem perceber a vida, no ato do meu desencarne, apesar da dor e do ferimento sangrando muito, me levantei e praticamente no mar de sangue, fui me arrastando entre mortos e moribundos, entre aliados e inimigos, sentia odor fétido dos corpos em decomposição e cada vez mais alimentava a dor e a ira por ter perdido a batalha. Continuei digladiando com os inimigos, sem perceber que eles já haviam sido mortos até por mim mesmo em outras batalhas. Não tenho noção por quanto tempo fiquei lutando e me autodeformando, digladiava por território e por poder como quando encarnado, sem me dar conta de que agora estava morto, até que um dado momento se aproximou de mim um cavaleiro que, como eu, se encontrava em batalha, cheio de cicatrizes, mas sem feridas como as minhas, esse cavaleiro se aproximou de mim, dizendo conhecer a minha fama e meu poder. Naquele momento me senti como há muito tempo não me sentia, lisonjeado, esse cavaleiro me contou o que havia ocorrido, que por uma traição de um dos meus cavaleiros, uma emboscada, havia perdido minha vida, fiquei atordoado com aquela história, pois muitos detalhes se encaixavam no corrido, mas perder a vida? Eu estava vivo, ferido, sem serviçais, abandonado, só isso, foi aí que me dei conta de voltar ao meu castelo, saí daquela batalha de seres deformados e feridos e fui acompanhado por esse cavaleiro, me arrastei até chegar a minha morada. Quando ultrapassei os grandes portões de minha fortaleza, me deparei com muitas mudanças, quase não reconhecia mais ninguém, o único homem que eu reconheci, mas agora encontrava-se como ancião ao lado da até então minha mulher, que já estava bem idosa, era o soldado que havia me traído, fiquei furioso e parti para cima do traidor, que naquele momento se pôs a tontear, desfalecendo em meu próprio trono. A dor, o sangramento, a ira e a confusão mental me fizeram parar, acompanhado pelo olhar atento do cavaleiro que havia me amparado até lá. Depois do meu ataque de fúria me deixei desmoronar entre o choro e a perplexidade com toda aquela situação, nesse momento o cavaleiro se aproximou e me explicou tudo que havia ocorrido quando em minha vida no corpo e após meu desencarne, me questionou até quando eu digladiaria e por qual motivo? Disse-me se não era o momento de largar a luta em prol da morte, começar um novo caminho a favor do aprendizado, em prol da vida, mas como fazer isso? Ele me explicou o que eu precisava do fundo do meu coração desejar largar as batalhas, largar a ganância, poder, realmente aprender a viver. Pela primeira vez me senti fraco, impotente e até mesmo sem opção, aceitei ajuda e eu o acompanhei para uma nova caminhada de aprendizado, a qual eu não fazia a mínima ideia do que se tratava esse aprendizado. Passei pela fase da importância de encarnar, pela preciosidade que é o corpo, pelo aprendizado do orgulho, do ego, e me culpei muito pelos que usei, humilhei, até matei por prazer, agora aguardo em preparo o momento do meu reencarne, e confesso estar com medo por tudo o que carrego comigo, mas ansioso por uma nova oportunidade, que Deus me traga o melhor aprendizado para reparar erros que cometi, e agora a partir deles possa ser sanado. Até breve!

Programa – 09/10/2016

Caridade

Hoje vou falar sobre caridade. Caridade é uma coisa muito séria. Antigamente eu ia assistir a algumas palestras, eu me lembro de uma ocasião em que um palestrante falou: "bom, vamos falar sobre caridade", eu disse: "nossa, de novo"! Só que ele falou de um jeito que eu entendi. Porque Paulo, aquele Apóstolo de Jesus, disse que nós precisamos fazer a caridade inteligente, mas o que é fazer a caridade inteligente, será que você é muito caridoso? Você faz essa caridade inteligente? O que vem a ser isso exatamente? Fazer caridade inteligente é assim, não é porque é bonito ou, de repente, não é porque você escutou que é certo fazer caridade, faz porque você tem vontade, você tem um querer, coloca ali a sua alma. Se você faz a caridade automaticamente, é a mesma coisa se você cumprimentou uma pessoa automaticamente, ela o cumprimenta, mas não trocou a energia, não sentiu; é a mesma coisa quando você chegar em alguém e falar: "oi, amor, dá-me um beijo", mas se você fizer aquela coisa automática, não significa nada. Então quando você começa a fazer a caridade, coloca nessa ação sua alma, quando você coloca a sua alma aí vira bondade, aí sim você faz caridade. Você só é bondoso quando você coloca sua alma. Ou seja, quando você faz não só por fazer, quando você está ajudando não só porque escutou que ajudar é bom, é a mesma coisa.

Essa semana uma pessoa falou para mim: "sabe, eu sei que agradecer, o agradecimento e a gratidão fazem parte do pilar da prosperidade". Eu falei: "verdade, agora se você agradece automaticamente, sem sentir nada, não adianta, nada dá certo", é mesma coisa com a caridade, você está ajudando as pessoas, claro, está ajudando; agora quando você coloca a sua alma, na hora em que ajuda, você também está aprendendo uma lição, aquela lição de solidariedade com as pessoas necessitadas. Quando você coloca sua alma logo percebe que vai fazer caridade, na verdade, quem recebe mais é você, porque quando está fazendo caridade com o seu coração, com alma, você troca a sua experiência, e a pessoa troca a experiência dela, porque quando você faz isso com sua alma, está promovendo seu autoconhecimento, está iluminando a consciência daquela pessoa, você está iluminando, você não se coloca acima: "Olha eu posso, você é uma coitada", um coitado, não, nós estamos trocando, não existe isso, é sair do automático, é você começar a praticar a caridade, não porque é bom praticar, não porque ouviu, de repente leu em um livro ou ouvindo uma doutrina, a caridade não pode ser uma obrigação; eu tenho obrigação de todo mês fazer caridade, isso não caridade, ela não é uma obrigação, a caridade é doação, é um prazer, é realmente amor, realmente doar a sua alma, aí sim você está fazendo caridade, você está sendo bondoso. Então nós temos de começar a praticar as boas ações, eu tenho que começar a ajudar, ser bondoso, ter alma não só para agradar as pessoas, ou seguir regras ou doutrinas. Muitas vezes, está lá escrito, então, eu tenho medo do castigo Divino, tenho que ajudar, tenho que fazer isso por obrigação; não, tem gente que faz isso para alimentar o ego, faz isso para ser visto pelas pessoas como bondosa, aquela coisa, aquele político que beija até criancinha para ser eleito. Como Jesus dizia, achei muito interessante essa música falando do mestre Jesus que nos ensinou a caridade, ele falava o seguinte: "Não adianta você ganhar o mundo e perder sua alma", você mostrar para os outros que está fazendo só por fazer, não adianta você viver por viver, você pode vir a se relacionar com uma pessoa, só para dizer que tem alguém, percebe? Se você não tem amor, se não está vinculado com a sua alma, a coisa mais importante do mundo.

    Nós estamos entrando nessa era, na era de viver com a sua alma e expandir esta virtude chamada amor, então a caridade é muito importante, nós conseguimos ser caridosos e bondosos quando dentro dessa atitude colocamos amor e alma; quantos seres se intitulam caridosos? A espiritualidade tem uma pergunta: você acha que é caridoso ou bondoso? Será que a caridade e a bondade são a mesma coisa? Não é. A caridade é quando você tem o coração, o amor, a alma, ser caridoso não tem só a ver com ajudar materialmente alguém, mas sobretudo você precisa ser compreensivo, precisa ser amoroso(a), prestativo principalmente com quem você não conhece. A caridade começa com você, a partir do momento em que se aceita; em casa, então, a caridade começa com você, você precisa se aceitar, aceitar nossos familiares sem o ódio, "mas eu não suporto a minha irmã, eu não suporto meu irmão", a caridade começa com a gente, começa com a nossa família, porque deixe eu falar uma coisa, como a espiritualidade está colocando aqui, não adianta nada sermos caridosos com as pessoas de fora se em família nós desrespeitamos e somos indiferentes, não adianta nada você sorrir para os outros, você é uma gracinha, um doce, mas por dentro é um fel, fica de cara feia, estou falando para você. Com seus amigos você é o cara, você é a mina, não adianta em casa você ser um brucutu, fica o tempo todo fechado, com aquela cara feia, parece que chupou limão, azedo, azeda.

Existem muitas pessoas que se intitulam caridosas, por dar seus pertences, que de repente não têm mais utilidade, vamos sair da ilusão; caridade é entrega de alma, é você escutar o que a pessoa tem para lhe dizer, sem julgar, é você estar numa conversa de alma presente, sem estar no celular, nós estamos conectados na parte digital e estamos desconectados um do outro, precisamos nos conectar. Ser caridoso é amar nossos inimigos, amar no sentido de perdoar e pagar o mal com o bem; assim que aprendemos, porque ser caridoso é você ser indulgente com os erros das pessoas; o que é ser indulgente? É você se colocar no lugar da pessoa, não existe errado e certo, existem, como a espiritualidade está colocando aqui, degraus de evolução; há pessoas que fumam, bebem, se prostituem, gostam de boteco, tem pessoas que gostam muito de futebol, gostam muito de "rock", não é certo nem errado, cada um está no seu grau de evolução. A espiritualidade tem falado para nós não julgarmos as pessoas, porque da mesma forma que você julga, e há pessoas que julgam de maneira severa, você também vai ser julgado severamente, então nós precisamos olhar os nossos irmãos com um olhar de auxílio, e não mais com olhar de ódio, reprimindo; cada um está no seu degrau de evolução, vamos deixar as pessoas ser o que elas querem ser. Aí você diz assim: "mas eu ajudo muito", você ajuda o que carregando no colo? Está errado, nós temos que apoiar as pessoas, não carregá-las no colo, como eu escutei no início dessa semana: "Sabe, meu irmão é muito fracassado"; de novo, não existem pessoas fracassadas, o que existe são pessoas que ainda não descobriram que o fracasso deve ser colocado onde pertence, na sua força de agir. Tenho um fracasso, é um resultado, eu tenho que colocar isso na minha vida, vou seguir em frente, agora já sei como não faço, eu vou fazer de forma diferente e com garra eu vou chegar lá. Você querer fazer o bem para conseguir aplausos, não adianta, nós temos de lembrar aquilo que Jesus e os espíritos sempre estão nós revelando: "Que a mão esquerda ignora o que faz a mão direita". Não podemos manchar caridade com nosso orgulho, nós precisamos lembrar a todo momento que somos luz, somos amor, nós somos Deus em ação.

Você desencarnado que está nessa sintonia, você que está nesse ódio, nesse rancor, sabia que não existe máquina do tempo? O que está feito, o que aconteceu, já aconteceu, mesmo você que está com raiva, que está com ódio, que está parado perseguindo as pessoas. Muitos espíritos perseguem os bebês, só porque eles são bebês agora, mas já tiveram outras vidas. Você está perdendo tempo, faça essa caridade consigo, se você não consegue fazer por outro, por essa pessoa que o magoou, você tem ódio, faça a caridade com você, de trilhar outro caminho, o do amor, saia de onde você está. Eu sei que você que está aí, de repente, está tendo até prazer em separar um casal, está obtendo prazer em ver como a pessoa está ficando doente, com dor de cabeça, esse inchaço, e a pessoa vai ao médico e não descobre a causa, você dá risada; está bem, o que está ganhando com isso? Estou perguntando para você desencarnado, deixa eu lhe falar uma coisa: Deus está sempre dentro e fora de nós, em qualquer ação, onde existe a nossa vontade, o nosso amor, Ele estará. Se você que está aí achando que está abandonado, se você tiver uma atitude agora de amor, uma boa ação e fale assim: "está bom, eu quero muito me desvencilhar dessa coisa de ódio e rancor, eu quero fazer uma caridade para mim", e fizer uma oração do coração, vai ver que uma equipe espiritual, socorrista, vai chegar até você. Vamos em todas as nossas atitudes ter caridade, ser amorosos, principalmente, com nós mesmos.

Psicografia

Natural do sertão, onde o sol queima forte, onde a árvore é feita só de gravetos, onde o gado e gente morrem de sede e fome, onde gibão e berrante são a única diversão, onde a vida parece ser a morte, e de onde na morte brota a vida.

Pela minha caminhada na vida vi gente sofrer, gente nascer, e logo em seguida morrer, onde o luxo era ter um prato de feijão e farinha para comer, o maior objetivo era se manter vivo no hoje, porque o amanhã a Deus pertence. Não sou o único e com certeza nem o último a viver, ou talvez sobreviver dessa maneira, nessa terra de tanta falta, até lágrimas se economizam, eu perdi a força de tanto chorar, de tanto ver gente querida morrer, a escassez de água, de comida e de cuidados nos traz uma couraça tão forte que o deixa inerte a tantos fatos estarrecedores. Vi cão virar alimento de gente, criança morta virar alimento de animais e não me abalava mais ou talvez, pela couraça erguida a minha volta, tampava os olhos e o coração para tanta desgraça. Não me orgulho em contar essas histórias, mas me orgulho por ter podido viver no corpo, por poder participar de uma vida tão extrema como essa que passei. Vocês podem estar estranhando meus dizeres, mas é a mais pura verdade, tudo isso existiu e ainda existe no plano, mesmo assim não me corrompi, não me corrompi a coronéis que tentaram comprar meus serviços de proteção, não me corrompi aos que tentaram comprar meus serviços de proteção, e tentaram comprar minhas duas filhas para a vida fácil, não me corrompi em vender meu único filho homem para casais da cidade que não podiam ter filhos. Não sei se a palavra certa a ser usada é corromper, porque quando a fome e a sede batem à porta de verdade, é difícil se ter honestidade, retidão, é difícil levantar antes de o sol nascer para arar um pequeno pedaço de terra e sentir do fundo de sua alma que a chuva não virá. É difícil ver um filho nascendo, sabendo que nem a própria mãe terá leite para alimentar, se nem ela tem o básico para sobreviver, e quando se vê o açude de águas barrentas secando lentamente, a fé que clama a água aos céus não é suficiente para trazer a chuva.

Mas minha vida não foi só desgraça não, vi o povo sempre unido dividir o pouco que tinha e dava muito valor a tudo, vi mães cuidarem de vários filhos, os quais grande parte não haviam parido, vi a alegria de um povo fazendo festa nas poucas vezes que a chuva caía do céu. Nesse momento estou em tratamento e acompanho as mudanças do planeta, acompanho meus irmãos que vivem da mesma maneira que eu vivia no chão árido, acompanho também o povo que se corrompe por luxo e beleza, e somente no plano espiritual me dei conta de que nascemos e morremos da mesma forma, enfim que somos todos iguais perante a Deus; você já se perguntou por que alguns têm tanta coisa e outros praticamente nada? Você já se perguntou por que alguns se corrompem outros não? Já reparou, porque alguns são belíssimos e outros muito feios para os padrões? Tem noção do que é ter muito ou pouco? A grande maioria vai responder que não sabe; agora vou contar para vocês o que aprendi, tudo isso é diversidade, faz parte do aprendizado, e posso dizer a todos que as respostas dessas perguntas são relativas, quem tem comida em seu lar é relativamente rico a quem não tem o que comer, os feios ou os belíssimos são relativos porque o que importa de verdade é a beleza do coração, em resumo, somos todos iguais no caminho de aprendizado.

O nascimento e a morte já temos certeza de como serão, resta agora escolher a caminhada independentemente de como será a caminhada, que seja com o coração em paz. O maior castigo que existe é o arrependimento, e desse eu entendo, como depois do desencarne me arrependi de não ter abandonado o pedaço de chão árido que foi herdado dos meus pais, vi oito dos meus onze filhos morrerem por falta do básico, não permitir que os três que restaram fossem tentar uma vida melhor fora do meu mundinho, agora eu compreendo que é apego, mas foi assim que aprendi e assim vivi meus 40 anos longos e sofridos na Terra, mesmo quando não se tem quase nada podemos ter apego, orgulho; agora compreendo verdadeiramente o que é viver sem orgulho e apego, não importa o quanto se tem, mas sim como se vive. Agradeço a Deus por me deixar contar a minha experiência e aprendizado no corpo, que a minha história possa trazer um pouco de despertar para cada um de vocês, que cada um possa analisar seu caminho e perceber onde se esconde o orgulho, apego.

    João do Gibão.

Programa – 16/10/2016

Prosperidade Financeira

É interessante que, há uma semana, eu estava conversando com a espiritualidade, e disse assim: o que acontece com o mundo? A maioria das pessoas fala da crise, que é espiritualidade, então não tem a ver com dinheiro, entretanto, você já percebeu que mesmo com essa crise financeira muita gente está ganhando muito dinheiro? Tem gente ganhando muitas moedas, gostaria de entender, as pessoas dão desculpas que o país está em crise, eu conheço pessoas que estão comprando carro novo, estão viajando, comprando apartamento, então vamos falar sobre isso; parece que a espiritualidade superior é contra o dinheiro, e não é. Eles dizem que o dinheiro é a água do mundo, você pode ficar dois, três dias sem comer, mas sem água não, água é tudo, da mesma maneira para viver aqui na Terra existe a questão financeira, porque você, para viver aqui de uma forma confortável ou pelo menos que você tenha o necessário, precisa do dinheiro sim. Deixando de lado a situação econômica do país, vamos pensar comigo. Por que mesmo diante da crise há seres que continuam ganhando tanto dinheiro? Se você for analisar, tudo se trata de uma energia que se movimenta. Mas como posso acreditar em algo tão abstrato? Nós podemos falar da energia que você movimenta, e você pode estar se perguntando, mas que energia é essa? Veja bem, essa energia existe sim, da mesma forma que você acredita no vento, mas não vê o vento, você acredita, a espiritualidade está aqui pedindo para você pensar, por exemplo, você pega dois seres para preparar o mesmo alimento, na mesma cozinha, seguindo os mesmos passos de preparo com os mesmos ingredientes e o alimento não sai igual, o arroz sai diferente, o feijão, a mistura sai diferente, sabe por quê? Por causa da energia da pessoa, por exemplo, minha vó, que já desencarnou, aliás, já reencarnou de novo aqui, ela fazia um macarrão que eu nunca comi igual, e minha sogra faz uma carne louca que é uma loucura de verdade, por quê? Por causa da energia. Todos nós somos um pedaço do divino, então, por que você acredita que seus irmãos podem conseguir dinheiro, conseguem ser prósperos, e você diz que não consegue, por quê?

Se você for analisar, nós somos todos filhos de Deus, somos filhos do mesmo Pai, todos nós temos as mesmas oportunidades, a questão é, você pode se agarrar lá ou não, aí você pode dizer: "mas sabe o que é, eu não tive ninguém que me pagasse um curso superior, não tive condição de estudar e só pensava em trabalhar", então a espiritualidade vai responder para você: "nós não estamos aqui falando em sucesso, como cargos de chefia, bacharéis, doutores ou mestres, é alguma coisa além disso, nós estamos falando em energia de prosperidade, energia financeira". Acho que você também já viu, eu já vi pessoas com doutorado, eu vi profissionais de alta capacidade e competência, já vi casos da pessoa que tem um potencial maravilhoso, mas muita gente está sem emprego, sabe por quê? A energia financeira é uma mistura do seu conhecimento, que é o seu capital intelectual, movido pela sua fé. Faça sua parte e o Universo fará dele, é essa energia, é a certeza de que quando você tiver um problema vai resolver, aquela certeza de que você sabe que está pagando apartamento, que tem aquelas parcelas intermediárias, que você não vai ficar nem ligado ao passado nem muito menos com medo do futuro. A Espiritualidade é plenamente a favor da busca diária por conhecimento, estudar, fazer cursos; a espiritualidade superior acha isso muito lindo, muito interessante. O que nós estamos discutindo aqui é que as pessoas possam se conscientizar de que qualquer profissão, precisando ela de nível superior ou não, tem o seu sucesso apenas quando atrelada a essa energia financeira, esse talvez, saber. Será? Isso é um dos maiores desafios para todos nós, saiba que você pode acreditar no abstrato, isso é um desafio quando você coloca esse abstrato na sua vida de uma forma concreta, você vai ver que o abstrato funciona, materializando aquilo que você quer. Energia financeira é a fé, ela é ação junta, entendeu?

Você precisa movimentar a energia financeira, você pode, vai conseguir, o que atrapalha às vezes, no trabalhos das organizações, é se sobrecarregar por não acreditar de repente na pessoa que trabalha com você, aí você faz o quê? Você se sobrecarrega, porque acha que é o melhor, que ninguém pode substituí-lo, ninguém pode ajudá-lo nessa tarefa, você quer fazer tudo sozinho. Deixa eu lhe falar uma coisa: você não é insubstituível não, da mesma forma que você faz algum trabalho e tem êxito, com certeza outra pessoa pode vir e continuar seu trabalho e ter o mesmo sucesso. Precisamos acreditar, ter fé, você pode ter o melhor, desde que faça a sua parte, que movimente essa energia. Deus nosso criador incriado é Pai, Ele está em toda parte, Ele proverá, está presente mesmo nas coisas mínimas, porque Deus é nosso Pai, zela por todos nós, e muitas vezes nos auxilia por meio dos seus agentes, que são esses amigos espirituais. Até mesmo nos momentos despercebidos, que você acha: "como assim, imagina!" Como disse Jesus: "vós sois Deuses", e somos uma centelha do Divino, está sempre presente em nós, Ele nos protege; quer saber de uma coisa? Independentemente da sua crença religiosa, nós somos parte do Divino, só que você tem que se ligar na sua alma. Agora eu pergunto para você, por que de repente a sua vida financeira está bloqueada? São essas crenças inconscientes que você tem, será que são os medos que carrega? Será que são traumas, essas emoções limitantes, será que tem algum chacra que não está funcionando de uma forma harmoniosa, porque o chacras são localizados dentro e fora do nosso corpo, fora, ele fica no duplo etéreo. Pode ser que a pessoa que não está ganhando dinheiro não tem a Kundalini, está na falta, falta para ela o que chamamos vontade, vontade de vida, aquela vontade, e quem ativa esse chacra é a Kundalini, essa vontade é a Kundalini. Se você está sem essa vontade, se você não está conseguindo estimular sua vida, por meio da sua Kundalini, o que acontece? Os chacras vão ficando com problemas, vão ficando desarmonizados e aí você realmente não ganha dinheiro. É claro que o dinheiro não existe na espiritualidade, ele foi criação do homem neste plano, o dinheiro deve estar em sintonia com a energia da prosperidade e abundância; agora, como funciona? Quando você usa o dinheiro para si, para sua felicidade e para a felicidade dos outros, você está na energia do dinheiro; por exemplo, quando você tem uma ação, essa ação deve estar comprometida com o bem-estar, não só seu, mas também de todo mundo, você precisa fazer essa energia do dinheiro circular, e tem que estar ligado com a gratidão. Você agradece quando você recebe seu salário? Agradece quando você paga alguma coisa? Você tem ou não essa gratidão? É uma das forças maiores que temos no Universo, você está agradecendo o dinheiro que você tem? Porque eu conheço muita gente que diz: "mas o dinheiro é uma coisa boa", agora precisa saber o que você está fazendo com ele, esse é o problema, então nós precisamos movimentar essa energia do dinheiro. Ontem mesmo estava atendendo uma pessoa, ela está bloqueada porque acha que o dinheiro vai afastá-la das pessoas, olhe que coisa, quer dizer que a pessoa está se sabotando; você não está ganhando dinheiro por quê? Você acha que é pecado, você é filho de Deus como eu, merecemos viver aqui de uma forma confortável.

Essa semana estava escutando uma reportagem, todas as operações da Santa Casa foram canceladas por problemas financeiros, veja que coisa terrível, não que o dinheiro esteja faltando, que o dinheiro é ruim, não; mais uma vez, você merece ser próspero, merece esse dinheiro, você precisa saber utilizar essa energia do dinheiro. Nós precisamos sair de uma vez dessas crenças limitantes que temos, parar de morar no passado, parar de nos preocupar com o futuro, necessitamos parar de falar coisas negativas, nós precisamos parar de querer impressionar as pessoas, parar de reclamar, nós precisamos parar com essa necessidade de sempre estar certo. Tem gente que é muito resistente à mudança, que fica culpando os outros; nós precisamos parar de ter necessidade de aprovação, entre nessa energia de quem tem dinheiro, o aplauda, e diga: –"Puxa, que bom!"; você não teve porque não soube movimentar essa energia do dinheiro, essa energia maravilhosa.

Não sinta ciúmes, inveja; se ele tem, você também pode ter, certeza, você é filho de Deus, merece o melhor, nós merecemos o melhor, você já pensou quando desencarnar e ficar aquele do tipo: "poxa, não tive dinheiro", isso não é culpa de ninguém não, você não tem porque não soube movimentar essa energia maravilhosa da abundância da prosperidade que existe no planeta.

Psicografia

"Pecadores queimam no fogo do inferno", essa foi a frase durante a fase adulta a qual eu mais proferi, e foi no fogo do inferno exatamente pela minha sintonia que queimei meus pecados. Meu nome é Raquel, tive uma infância muito boa, filha única, muito mimada por pais com a situação financeira confortável. Minha adolescência foi um tanto conturbada, por ser muito mimada e ter um gênio um tanto quanto forte. Sem aprovação de meus pais, saía à noite, me embriagava até quase cair, e tinha amigos da mesma estirpe que a minha, com dinheiro no bolso, roupa da moda, joias, com certa liberdade a qual conquistei com muito carinho dos meus pais, desde que fizessem o que eu queria. Quando completei 18 anos, ganhei meu primeiro carro, do jeito que eu queria, a minha liberdade estava completa, junto a outros amigos. Saía noite adentro para me divertir, dançar, beber e me envolver com homens até o amanhecer. Numa dessas noites conheci Rodrigo, moço bonito que, como eu, gostava da noite; seu único defeito eram as drogas injetáveis, num primeiro momento esse detalhe me incomodou, pois, apesar de tudo, eu não era adepta à droga, mas ele era tão bonito. Pensei: é só não me envolver nas drogas; confesso que Rodrigo, apesar de drogado era uma ótima companhia, nos encontramos algumas noites, em uma delas amanhecemos numa cama qualquer. Depois desse dia, sei lá, enjoei dele, acho que ele enjoou de mim também, seis meses depois uma bomba desabou sobre minha cabeça: Georgina minha grande amiga, que conhecia Rodrigo, me trouxe a notícia de que ele estava doente, e o pior era a *aids*, *aids*! Ela teve que me segurar para que eu não desmaiasse, fiquei em verdadeiro desespero, perdi o rumo, eu, moça bonita de boa família, na flor da idade, será que havia sido contaminada?

Com essa doença tão conhecida pela morte certa e tão desconhecida da medicina, perdi o rumo, não conseguia mais comer, nem dormir direito, fiquei muito abatida, já quase não saía de casa, meus pais estranharam a minha mudança brusca, mas não me atrevi a comentar com ninguém sobre esse assunto. Uma bela manhã, quando me encontrava jogada na cama e perdida em meus pensamentos de desespero, Romilda, a empregada que trabalhava em minha casa, entrou no meu quarto, me vendo naquela situação, com um sorriso no rosto, abriu a janela e me perguntou: "minha filha, o que está acontecendo com você? Você é uma moça tão alegre, tão cheia de vida, perdeu o brilho no olhar, me diga o que está acontecendo?" Naquele momento me pus a chorar copiosamente, ela me perguntou novamente o que me afligia, e me disse se eu não gostaria de conversar. Chorando muito só balancei a cabeça negativamente, ela me abraçou e começou a falar em Deus, me convidou para ir à igreja que ela frequentava, eu naquela altura da situação aceitei, e naquela mesma noite, me encontrei com ela na porta da igreja. Quando entrei, ouvi as palavras de força, e sobre a superação de Jesus e a misericórdia de Deus. Pela primeira vez conheci a fé, chorei, pedi ajuda a Deus, e fiz uma promessa: se eu não estivesse infectada pela *aids* largaria aquela vida pecaminosa e seguiria o caminho da Fé. Durante 30 dias orei fervorosamente ao Senhor e tomei coragem para fazer o exame. Gigi me acompanhou até um médico conhecido dela e o exame foi feito. Nos 20 dias que seguiram me apeguei fervorosamente no Senhor Jesus Cristo, fomos buscar o exame que, para meu alívio, deu negativo. Naquele momento entrei de peito aberto no caminho da religiosidade, e cumpri minha promessa, quase todos os dias ia à igreja ouvir a palavra do Senhor, e orava fervorosamente; Jesus Cristo havia me curado, e agora eu o seguia cegamente. Conheci Rogério, me casei, pois ele também seguia o caminho de Jesus, já não me maquiava mais, porque era pecado, mantinha meus longos cabelos presos e não usava mais roupas apertadas, curtas ou de cores fortes, já que tudo isso aguçava o demônio. Tive dois lindos filhos que foram criados dentro de nossa fé, já quase não frequentava a casa de meus pais, pois eles não gostavam de nossa religião e me chamavam de radical, porque nem eu nem minha família íamos a festas pagãs, nem assistíamos à televisão, tudo era obra do demônio, as poucas notícias que tínhamos do mundo eram com certeza obra do demônio. Não frequentávamos mais a praia, o que na adolescência eu amava, pois era frequentada por pessoas pecaminosas que despertavam o demônio em pessoas de bem como nós.

Meu marido trabalhava muito para manter a mim e a nossos filhos, nossa casa, eu cuidava dos afazeres domésticos, cuidava das crianças e ajudava na igreja, orando fervorosamente por todos nós. Conquistamos um pequeno apartamento pago por quase uma vida toda e tínhamos uma vida humilde como Jesus. Certa noite, por assuntos corriqueiros me desentendi com meu marido, fiquei muito mal por ter sentido raiva, e resolvi jejuar, por três longos dias, para me purificar, passando só a pão e água. No quarto dia voltei a comer, não estava me sentindo bem, com dor de garganta e uma fraqueza no corpo, decidi não ir à igreja orando em casa, meu marido e meus dois filhos foram ao culto prometendo voltar mais tarde, me alimentei e resolvi descansar meu corpo, já que a casa estava na mais perfeita paz, acordei tossindo e quando percebi meu apartamento estava repleto de fumaça, já era tarde demais, o prédio ardia em chamas, eu não tive como sair, morri sufocada pela fumaça. Vi meu corpo queimar, queimar no fogo do inferno, aquele fogo do inferno que clamei a tantos outros pecadores. Eu me julguei tanto por ter morrido assim; hoje me encontro em tratamento, compreendo que sempre fui uma pessoa extremista e esse meu extremismo trouxe para minha vida muito aprendizado. Primeiro foi a possibilidade da doença, a qual me levou para o caminho da Fé, depois a fé extrema que me levou a julgar a tudo e a todos me levou para o que eu mais desejei para os outros, o fogo do inferno; agora me esforço para aprender e compreender o que é equilíbrio, descobri que o equilíbrio é cuidar de si, quando cuidamos de nós mesmos temos a noção se estamos no extremo ou no equilíbrio, e o equilíbrio é o caminho do amor, do respeito, da liberdade. Ame a si como é e conseguirá amar ao próximo. Respeite a si e conseguirá respeitar o próximo, não existe pecado nem pecadores, mas sim orgulho de se mostrar melhor que os outros. Jesus nunca julgou ninguém, mas eu me dizia seguidora de seu caminho julgando a todos. Agora, determinada no caminho de fé, descubro como é o amor incondicional de Deus no aprendizado, e toda minha vivência na Terra me serve de parâmetro para meus estudos. Continuo na caminhada da fé, fé em Deus, fé em mim mesma, tendo uma nova oportunidade sem exageros, e fé no amor, amor para todos os seres que se encontram na grande procura de si, mesmo que ainda eu não tenha percebido isso.

Programa – 23/10/2016

Tempos e os Fatos

Hoje eu queria discutir sobre o tempo e os fatos, e se você for analisar, parar para pensar na quantidade de coisas que pode estar acontecendo neste exato momento... Então vamos refletir um pouco, vamos pensar juntos.

Pessoas de repente estão viajando pela primeira vez de avião, recebendo *e-mail* ou uma ligação ou estão recebendo por um *e-mail* uma convocação para uma entrevista de trabalho na segunda-feira; pessoas de repente abrindo exame de gravidez e constatando o tão esperado positivo, outras hoje diagnosticadas com doenças incuráveis, enfim, pessoas ficando noivas, outras se preparando para assinar o divórcio, pessoas nascendo e morrendo, seres se matando, seres roubando, são inúmeros acontecimentos. O ponto ao qual quero chamar atenção é para um acontecimento muito especial que a gente atende pelo nome de suicídio, quanta gente se suicidando cada vez mais, os números são assustadores de pessoas que vêm se suicidando em todo o mundo. Com toda humildade, a espiritualidade gostaria de pedir a vocês agora, por um momento, que abandonem suas togas, seus tribunais, e deixem imperar a empatia. Muitas vezes a espiritualidade está certa, quando a gente vê que uma pessoa cometeu suicídio, eu já vi pessoas dizerem assim: "isso é frescura, tantos seres lutando pela vida e esse ser vai e faz isso?" A nossa intenção aqui não é passar a mão na cabeça de ninguém, mas apenas alertar, pois, quando apontamos o dedo para nosso irmão, outros três ficam apontados para nós, e ficamos muito assustados de ver tantos seres no plano espiritual vagando pelas ruas, ficando nos vales dos suicidas.

É do nosso conhecimento que uma das coisas mais Divinas é o nosso corpo, que é de nossa responsabilidade; sem ele não temos como passar por essa vida. O suicídio não é só daquela pessoa que usa arma de fogo, arma branca para se desligar da matéria, não, esses são os suicidas de fato, mas tem muita gente que se suicida sendo negligente com a saúde, por exemplo: não come nem dorme direito, tem aqueles vícios horríveis, e a espiritualidade tem dito para a gente que a mente afeta o corpo e o corpo afeta a mente, é verdade. Você desencarnado que está aí, você que se alimenta de rancor, ódio, mágoa, que quer revidar também se tornam suicidas, é verdade, porque pensar é buscar e quando você pensa coisas negativas, quem sofre é nosso corpo em primeiro lugar, porque quando eu sinto ódio de alguém a primeira pessoa a ser prejudicada sou eu; será que você vem se suicidando? Eu quero que você pense nisso. Será que com as suas atitudes, seus pensamentos, aquilo que você está fazendo da sua vida, será que você está sendo um suicida do tipo inconsciente? A única diferença dos suicidas para nós é que eles, os suicidas, estão totalmente imersos em sua dor a ponto de acreditarem que não há mais saída para o seu problema, a não ser se desligar da matéria. A pessoa que faz isso tem uma dor tão profunda que esta passa a ser dor física; e é gozado como muitas pessoas passam a dizer, como juízes, que isso é um absurdo, a pessoa precisa ter muita coragem para tirar a própria vida, mas eu quero dizer para vocês o seguinte: muitas pessoas se matam diariamente, por quê? Porque acham que tirando a matéria vão se livrar do problema, mas é um ledo engano.

É interessante, nós estamos aqui para viver essas dores, precisamos vivenciar todo tipo de sentimento, agora necessitamos tirar proveito desse sentimento, isso é uma coisa saudável, sentir, aprender, continuar a viver é importante, depois extirpar o que você está sentindo de mal porque existem pessoas que alimentam o mal. Se você pensar, neste momento, num problema ele vai crescer; se você pensar que ele vai doer, ele vai doer mais, por que dar foco nas coisas negativas? Esses irmãos que acabam se suicidando ficam no foco desse mal e vai o aumentando, chega ao ponto que eles não veem mais saída, então será que você vai alimentar esse seu lado negativo? A ponto de crescer e tomar conta de você?

Todos nós temos sentimentos desagradáveis, você já teve sentimentos desagradáveis, como dói a dor de uma separação, a dor de uma perda é insuportável, mas nós temos que passar por isso. Sentimento desagradável é um esterco mesmo, então nós precisamos dar a esse esterco uma função que lhe compete, que é adubar o solo. Se você está passando por essa situação, olhe que porcaria que é o esterco, então dê uma função para essa energia, precisa colocar para andar, não adianta você ficar guardando essa energia no seu corpo, porque se guardar lixo emocional isso pode ocasionar uma inflamação, pode lhe trazer problemas graves. Que tal ser mais gentil com você? Ser mais gentil com as pessoas? Às vezes você vê uma pessoa aparentemente feliz, muitos artistas, os artistas que se suicidaram você vê que eles são bonitos, são bem-sucedidos, têm dinheiro e de repente você escuta falar que eles se suicidaram, ou seja, a gente não sabe o que cada ser esconde na alma, não sabemos, por isso que dissemos que coração é terra que ninguém pisa; você sabe o que as pessoas guardam na alma? Você sabe a dor delas por fora? Às vezes por fora a pessoa está sorrindo, mas por dentro está chorando; é gozado, você a vê com esses trajes belos, essas roupas que enfeitam a matéria, mas só o amor e a compreensão são capazes de curar uma alma. A maior parte dos suicidas é composta por pessoas assim. Essa semana um paciente meu trouxe uma foto e me mostrou: "olhe; essa é minha sobrinha", e eu respondi: "nossa, que moça bonita!" "Então, ela acabou de se suicidar faz dois dias", a espiritualidade disse: "veja que interessante: olhe a roupa que ela está vestida, olhe o sorriso que ela está", e ela estava com a alma em frangalhos. Muitas mortes, muitos suicídios acontecem graças aos padrões impostos pela sociedade; você sabia que quem se mata mais são os homens do que as mulheres? Mais suicidas homens do que mulheres, por quê? Homens devem ser fortes, não devem chorar, homens não podem ter medo, imagina, e por quê? Para não contrariar os padrões e acabam dando fim às suas vidas porque acham que a dor não passará e a gente sabe que ela vai passar. Vocês sabem que falo com as pessoas e com os desencarnados, já perceberam que os desencarnados continuam com o mesmo problema? Continuam, nós continuamos com os problemas e eles também continuam com os problemas deles porque não resolveram aqui. Se você não resolver os seus problemas aqui, vai continuar com eles, é interessante que é assim que começa um tormento, porque o que era para ser o fim de uma dor se torna uma dor de uma escala tão grande que não se mensura. A pessoa não vê saída, ela começa a dar foco naquilo, começa a se comparar, a se sentir inútil, o cocô do cavalo do bandido, começa a se sentir sozinha, eu só estou atrapalhando, eu não vou dar certo", isso começa a crescer e a pessoa acha que não merece estar aqui.

Essas explicações que nós estamos dando a você agora não são para você se sentir culpado, isso é certo, isso é errado, mas é bom alertarmos a todo mundo de que morremos com os mesmos sentimentos que possuíamos no corpo; logo, se suicidar não passa de ilusão. Nunca se esqueçam: o que acaba não termina, e percebemos que nós continuamos com os mesmos problemas; por exemplo, quando você perguntar de alguém e falar desse sentimento, não sabe como você ajudar a pessoa a soltar aquilo do peito, do tipo, "puxa vida, ele está me ouvindo, mas continua aflito, continua com mágoa, rancor, não tem paz". Hoje nós não estamos mais precisando de consolos, nós estamos precisando de verdade para resolver a nossa alma, porque o que acaba não termina.

Psicografia

Eu me chamo Benito Soares, morava em um país cujo homossexualismo não era nada aceito, nem mesmo meus pais eram capazes de me aceitar. Éramos três irmãos, eu e minhas duas irmãs, tínhamos pouca diferença de idade e eu nunca entendi por que minhas irmãs podiam brincar de boneca, de maquiagem, andar de salto, e eu não. Ao crescer, tive muito medo de assumir aos meus pais minha sexualidade. Aos 16 anos me confessei aos meus pais quem eu era de fato. Nossa, tomei uma surra tão grande de meu pai, que dizia: "Fiz de tudo, olha o que você se tornou, agora você vai virar um homem como manda a natureza". Apanhei tanto que me doía o corpo e a alma. Após um mês me recuperei e resolvi sair de casa sem dar tchau, comecei a me prostituir não por vontade ou prazer, mas por desespero de querer assumir quem eu era. Como essa vida era muito complicada comecei a me drogar, foi a forma de tornar aquilo mais leve, comecei a me enrolar com as dívidas e terminei com o meu corpo pendurado pelo pescoço na ponte, errei na ânsia por acertar, só tentei ser eu.

Vocês sabiam que no México o que existe de pessoas que se suicidam, não só lá, mas também na China, no Japão e nos Estados Unidos, onde a cobrança é muito grande? Aqui no Brasil também, enfim, muitas pessoas se suicidando inclusive as com pouca idade, e quem já não pensou em suicídio? O suicídio é uma forma que muitas vezes os espíritos inferiores usam para atacá-lo dizendo: "você não serve para nada, se mate, pare com isso, você vai ficar em paz". Eles têm uma influência tal que você acaba fazendo coisas absurdas tomando veneno, achando que tudo vai passar, mas há um ledo engano, não passa; a vida continua, não depende da religião, a vida continua, nós continuamos os mesmos; então quem morre só sai do invólucro carnal e fica com outro corpo.

Agora você imagina, todo mundo sabe o que é *replay*? Então quando você se suicida, depois acorda logo de imediato e fica vendo aquele *replay* de como você se matou, aquela dor e os espíritos inferiores ficam sugando a sua energia e você fica se martirizando, se culpando, por isso que a espiritualidade superior diz que é inenarrável o sofrimento porque você sofre o tempo todo, a todo momento porque a responsabilidade é nossa, é nosso corpo físico, e quando você tira o corpo, além de continuar a mesma coisa, continua com mais um problema: a responsabilidade de ter tirado o seu corpo.

Vários espíritos com quem eu converso fora do corpo mesmo, muitas vezes fazendo o trabalho lá no espaço, espíritos que, por exemplo: se atiraram do prédio e no meio do caminho se arrependeram, e aí se mataram, pessoas que tomaram veneno, quando começa a corroer, correm desesperadas para o remédio, não dá tempo de fazer efeito; pessoas que acabaram de tomar veneno estão embriagadas de fogo, saem fora do corpo e veem aquele veneno corroendo seu corpo e ficam aflitas, terríveis.

Pessoas que desencarnam com suicídio de armas só escutam o estalo do tambor da arma, e quando veem estão de pé desesperadas vendo o corpo, o sangue jorrando a todo momento. Todo problema tem solução, você desencarnado que neste momento está sofrendo, calma, você pode orar, os amigos socorristas estão preparados para cuidar de você. Eu sei que é muito difícil, a gente fica perturbada, mas calma, ore, peça ajuda, a equipe socorrista vai até você, não adianta você que desencarnou ficar perto dos seus familiares, desesperados, eles não vão poder ajudá-lo, claro que eles oram, mas você deixou uma dor no coração deles, sabe por quê? Quando algum parente desencarna dessa forma, muitas vezes, as pessoas se sentem culpadas, "será que eu fiz alguma coisa?" Não, você não fez nada, essa responsabilidade é de cada um, a nossa vida é responsabilidade nossa, então eu queria passar para todo mundo que está nessa corrente, para orar para essas pessoas que já se suicidaram, orar para o Vale dos Suicidas, para nossos irmãos que terminaram com as suas próprias vidas, na doce ilusão de que tudo iria acabar e de repente percebem que nada acabou.

Programa – 30/10/2016 – A Correção Natural do Universo

Nós vamos falar hoje sobre algumas coisas, sobre o Universo. Ele sempre faz uma correção natural em nós; o Universo sempre faz uma correção natural porque, se você for analisar, esse planeta é maravilhoso, fantástico. Muitas vezes combinamos antes de reencarnar que nós vamos fazer determinadas coisas, vamos assumir alguns compromissos e chegamos aqui a este planeta lindo, maravilhoso que Deus nos dá, e ficamos iludidos com as coisas, esquecemos muitas vezes. Você fica tão iludido com essa vida material tão bonita, gostosa, fica tão apegado que se esquece de tudo; então vamos conversar sobre isso tudo.

Quando nós estamos reencarnados aqui, percebemos que existem duas origens de sofrimento. Quando você começa a estudar, você vê que a origem do sofrimento muitas vezes está nesta vida, de repente não você não está agindo corretamente, não está tendo uma visão otimista, está só ligado ao seu ego. E aí? Você vai sofrer. Outro sofrimento são de vidas passadas, você está aqui sempre com o objetivo de resgatar, de aprender as coisas que ficaram pendentes em outra vida. É bom a gente lembrar que tanto o sofrimento de agora quanto o sofrimento de vidas passadas são responsabilidade nossa, tudo que acontece e tudo que aconteceu pertencem a nós, e não adianta começar a querer dizer que existem culpados, que existem responsáveis, não, a responsabilidade é nossa, não adianta querer disfarçar, é nossa, é isso que nós vamos entender hoje, sabe por quê? Atraímos para nós tudo que aconteceu até hoje conosco, foi você que atraiu, somos nós que atraímos. É claro, muitos dos nossos problemas vêm do nosso egoísmo, o nosso egoísmo nos impede de ver a necessidade dos outros, a gente só pensa na gente, achamos que somos superiores, que ninguém precisa de nada.

Ah! Desencarnou? Você não é problema meu! Como assim, não é um problema seu? Essa divisão entre encarnados e desencarnados está caindo por terra, não existe mais, hoje nós encarnados ajudamos os desencarnados, e os desencarnados ajudam os encarnados, ninguém é superior. Nós precisamos viver uma vida, precisamos compartilhar as coisas boas, quantos sofrimentos seriam evitados se nós estivéssemos mais preocupados em nos conhecer? Quando eu digo a gente se conhecer, esse contato com a sua alma, é você ser verdadeiro consigo, é olhar os seus sentimentos, eu quero decidir uma situação, eu não vou decidir o motivo da minha decisão, não vai ser política, o motivo da minha decisão não vai ser os outros, o motivo da minha decisão tem de ser de alma, tenho que entrar em contato com a minha alma, eu preciso sentir, nós precisamos começar a sentir as coisas, isso é fundamental. Por isso quero convidar você, ninguém é mais que ninguém, todos nós precisamos de auxílios, de ajuda, a nossa vida é muito frágil, hoje a gente está tão bem e de repente daqui a pouco você vê aquela pessoa que ama doente, e diz: "como pode, meu Deus do céu?" A vida é tão frágil e de repente você vê uma criança indo embora, Deus chamando: "não deu para você ficar mais um tempo aí, venha para cá". Aí a gente vê que a vida é frágil. Precisamos sair do egoísmo, nós precisamos compartilhar coisas boas, viver mais com a nossa alma, com o nosso amor, ajudando a gente e ajudando as pessoas. Você sabia que quando você ajuda as pessoas, está se ajudando?

Agora vamos entender quando eu disse no início do texto que a espiritualidade fala da correção natural, do desapego. Você já parou para analisar como determinadas situações que nos desagradam ocorrem inúmeras vezes? Pense, fale a verdade, você já parou para analisar isso? Essas situações podem ser das mais variadas, as questões sentimentais, como medo de não conseguir um companheiro, medo de ficar sozinha, medo de ficar sozinho, e quando eu vejo, estou cada vez mais sozinho; já percebeu isso? Você já analisou, as situações de que não gosta, desagradáveis, repetem, meu Deus do céu, mas que coisa! Precisamos perceber que, falando desse lado afetivo, como é bom ter um companheiro, como é bom ter uma companheira para compartilhar a vida, compartilhar uma viagem, os objetos, enfim, mas a pergunta que não quer calar é: se eu evito tanto e me concentro tanto para que determinadas situações não ocorram, por que ocorrem?

Eu sempre tive medo de uma coisa, sempre me concentrei tanto, com muita força, para que determinada situação não ocorresse, e no final aconteceu, ou de repente sempre ocorre. Eu vou lhe falar o seguinte: é simples assim, o Universo, em sua extrema sabedoria, traz a correção natural ao desapego; vamos entender isso, cada um de vocês é um espírito livre, é interessante que ser livre não tem a ver com não amar os entes queridos. "Ah! Eu sou livre, então não amo ninguém", como assim? Isso não tem nada a ver, então, somos seres livres, e não é porque você é livre que não pode amar os entes queridos, não é porque é livre que não pode ter os seus bens. "Ah! Eu sou livre, estou aqui de passagem então não vou ter nada"; então você não vai comprar um carro de que gosta? Não vai comprar a casa de que gosta? Para você se sentir bem, confortável? "Não, porque eu não sou daqui"; então vai viver, como mendigo, não é isso viver e ser livre, ou seja, ter bens, entes queridos. Amar é você desfrutar ao máximo de tudo que tem, de todos os momentos, de todas as coisas, de todas essas pessoas, como se fosse o último dia da sua vida, porque a gente precisa entender que nós estamos aqui, mas não somos daqui. O Universo, em sua extrema bondade e sabedoria, vai colocando situações na sua vida e são situações de desconforto; por que essas situações de desconforto acontecem? É exatamente para a gente aprender a lição; eu vou contar uma coisa para vocês: eu estou sempre com uma coriza, tenho alergia a tudo, eu já sabia disso há muito tempo, quem conhece a minha sala sabe que tenho muitos livros, papéis, então o que acontece, tem muito ácaro, agora eu precisei pegar uma crise danada para começar tirar todos os livros e limpar, fazer uma coisa diferente, porque isso acontece? São lições para me gerarem um desconforto e eu extirpar esse desconforto, eu tive que aprender a me soltar das coisas de que eu mais gosto que são os livros, e aí você me perguntaria: mas será que não era mais fácil a gente não passar por isso? Eu lhe respondo não, porque está na hora da sua alma, da minha alma evoluir, nosso corpo vem evoluindo, mas a nossa alma precisa evoluir; nós precisamos sair daquele mimo do ego e crescer. O que acontece muitas vezes é que a gente não consegue enxergar o que a vida está nos mostrando, porque muitas vezes falta flexibilidade, isso acontece por acreditarmos que nossas verdades são absolutas e soberanas, quando, na verdade, tudo, minha gente, é relativo, se você for analisar é tudo ponto de vista, é degrau de evolução de cada um. A grande questão é que a gente muitas vezes busca só se lamentar, o grande problema é que a gente esquece do aprendizado, esquece que o Universo está trazendo, estou trazendo isso para você acordar, progredir, evoluir, ponto; agora eu vou lamentar? Ou então, a pessoa fala assim: "eu já passei por isso tantas vezes!" Então esse é o ponto, esse talvez seja o problema, a gente só passa pelos problemas, a gente não os ultrapassa. Assim, a gente não aprende, não fazemos o aprendizado, a gente passa e não ultrapassa. Eu quero que neste momento, como a espiritualidade está dizendo, a gente se lembre de que experiências repetidas têm a finalidade de ensinar, então a gente precisa parar de reclamar, pare de lamentar, que tal fazer um novo começo? Que tal fazer um novo presente? Você sair dessa reclamação, que tal você se perguntar: "o que o Universo quer me ensinar?" Tudo o que acontece com você é o Universo querendo que você aprenda uma lição, tudo, tudo. Se está repetindo é porque você não aprendeu, "mas já passei por tanta coisa assim", então você tem que passar e ultrapassar. Quando você aprender a lição, pronto, acabou, não acontece mais, "porque sempre acontece a mesma coisa comigo?" Isso significa que você não aprendeu a lição, ainda tem que soltar.

Psicografia

Sou Licurgo, apesar do nome estranho sempre fui boa gente; quando na Terra tive uma vida de riquezas naturais, não soube o que era viver o luxo da cidade grande, mas sempre me senti privilegiado pelos presentes que a natureza me trouxe. Nasci de pais com a idade avançada, que tentaram uma vida toda formar uma grande família, mas o destino não quis, após 19 anos de união sem esperança alguma por parte deles eu nasci forte, lindo e muito saudável, fui criado com muito amor e liberdade no pequeno sítio no interior de Minas Gerais. Eu, mineirinho serelepe, de pés descalços e muita energia para brincar pelo gramado e entre porcos e galinhas que meus pais criavam na propriedade, toda manhã acompanhava meus pais para tirar o leite da vaca, e, no fim da tarde, nós íamos recolher os ovos, ajudava no plantio e na colheita da nossa pequena horta e me banhava no rio com grande alegria. Aos 17 anos perdi meu pai, e aos 19 fiquei órfão, pois minha mãe partiu também para se encontrar com meu pai no céu; vivi sozinho naquele pedaço de terra que até então era meu paraíso e por nadica de nada eu havia saído de lá; apesar de ser um homem formado, não tinha estudos e era tão inocente como uma criança pequena. Como eu saía muito pouco, não tinha amigos, meus parentes mais próximos moravam a 200 quilômetros de distância, desta maneira continuei a vida que há 19 anos vivia. Uma bela manhã fui até o centro da cidade vender legumes e verduras, ovo, e leite para comprar o que precisava, como artigos de higiene e café. Chegando à cidade que estava em grande alvoroço descobri que naquela noite começaria a festa de peão, festa famosa que em algumas oportunidades frequentei com os meus pais. Seu Geraldo, dono da venda, viu minha curiosidade pelos preparativos da festa, me fez o convite para que retornasse à cidade à noite para junto da sua família aproveitar a festa, eu agradeci, mas não viria, pois costumava dormir e acordar muito cedo para cuidar da propriedade. Seu Geraldo, vendo meu abatimento pela solidão, disse que um dia fora da minha rotina não atrapalharia os cuidados com a terra, nem com os animais e que com certeza me traria muita alegria; apenas sorri e me despedi de seu Geraldo, deixando para trás a alegria contagiante dos preparativos da festa, voltando aos meus afazeres no sítio. Passei meu dia nos afazeres normais, mas com grande agitação no coração, que eu não sabia explicar o porquê. Quando o sol se pôs, eu me preparava para ir deitar, mas a ansiedade aumentou e o sono que de costume eu tinha não apareceu, me lembrei da Festa de Peão e uma alegria que há muito não sentia me invadiu; me banhei no rio, coloquei as roupas limpas e montei meu cavalo rumo à festa. Quando desci do cavalo vi uma moça bonita que me sorriu; fiquei paralisado por tanta beleza e de vergonha também, pois nunca havia flertado com ninguém; depois de algum tempo paralisado por aquele sorriso voltei à realidade com abraço apertado de seu Geraldo que me apresentou a sua esposa e suas duas belas filhas. Junto com o seu Geraldo e sua família fui me divertir pela festa, comi muitas coisas boas e bebi também ficando mais alegre do que de costume. Joaquina, a filha mais nova de seu Geraldo, me acompanhou por toda a festança se mostrando uma grande amiga, a todo momento meus olhos procuravam a bela moça do sorriso contagiante. Ao final da festa voltei ao meu sítio para descansar, cheio de vida e encanto pela moça misteriosa; levantei como de costume ao raiar do dia e trabalhei com uma vitalidade que há muito não sentia. Ao cair da tarde me preparei para voltar à festa e novamente na chegada do rodeio avistei a bela moça que me sorriu como se me conhecesse há muito tempo, minhas pernas tremiam e eu não conseguia descer do cavalo de tanta emoção; para meu espanto ela veio até mim e me perguntou meu nome. Eu, como um tolo, com sorriso no rosto, gaguejei e disse Licurgo; ela deu uma grande gargalhada, não sei se pelo meu nome ou pela forma como falei me deixando ainda mais enrubescido; conversamos alegremente por um bom tempo e descobri que ela se chamava Rosinha, morava na cidade e tinha 22 anos. Fiquei embasbacado de tanta beleza radiante; depois de algum tempo, Kinha, a filha de seu Geraldo, apareceu de cara amarrada e quase me arrancou da companhia de Rosinha me levando para junto de sua família. Kinha me disse que era uma vergonha eu ficar de mexerico com aquele tipo de mulher. Fiquei estarrecido com a situação sem nada entender, fui sendo puxado pelo braço para junto de seu Geraldo e família; mesmo distante continuava olhando a Rosinha. Kinha cochichou algo no ouvido do senhor Geraldo que me explicou o ocorrido; ele disse que a Rosinha era a mulher da vida e que não era essa vida que eu merecia, ele me disse que Kinha estava gostando de mim e que ele fazia muito gosto de entregá-la a mim num casamento. Senti tudo à minha volta girar, deixei seu Geraldo falando sozinho, em disparada saí com meu cavalo rumo a minha casa. Chegando em casa fui me banhar no rio para ver se despertava daquele pesadelo, depois fui descansar, acordei no outro dia, o sol já saía alto, meu peito ardia de tanta dor, me arrastei aos meus afazeres e nos próximos quatro dias não saí de casa. No quinto dia tive que voltar à cidade encontrando seu Geraldo de cara amarrada para mim, disse que estava triste comigo, pois havia entregue a mão da sua filha em casamento e que eu havia fugido. Expliquei a ele que eu estava apaixonado por Rosinha e ele gargalhou de mim, dizendo que Rosinha não era mulher para mim, pois eu não poderia pagar o preço de ter ela em meus braços por algumas horas, mas que indicaria o antro onde eu poderia encontrá-la. Fiquei muito bravo com tudo que estava acontecendo; fizemos os negócios como de costume e voltei para minha casa, mas a possibilidade de encontrar Rosinha me consumia. Altas horas da noite eu voltei à cidade e, no local que o seu Geraldo me informou, encontrei Rosinha rodeada por outras moças sorridentes. Quando ela me viu, veio ao meu encontro e me deu um abraço tão apertado, o qual eu nunca havia recebido antes, meu coração batia tão forte que chegou a me sufocar. Em poucos minutos eu estava enrodilhado com Rosinha dentro daquele antro passando pela maior e melhor experiência de amor minha vida. Para minha surpresa, ao amanhecer, depois de tantas juras de amor que fiz à Rosinha, ela veio me cobrar alta cifra pelo seu trabalho; entrei em desespero, disse que a amava, que gostaria de me casar com ela. Rosinha gargalhou e disse que eu era um homem lindo, mas muito inocente, que ela não tinha pretensão alguma em se casar e viver uma vida medíocre em um pequeno sítio no fim do mundo. Ao final de nossa conversa tirei os poucos trocados que tinha no bolso, entreguei a ela, que pegou o dinheiro e me disse que, por aquela quantia, ela não me daria mais um sorriso; voltei para as minhas terras aos prantos, desiludido, desesperado. Nos dias que seguiram não conseguia sair da cama de tanta tristeza, em poucos dias comecei com febre, vômitos e dores pelo corpo, vindo a falecer solitário. Hoje me encontro em tratamento e compreendi que mal de amor não correspondido não mata, mas sim a falta de amor-próprio. Depois da morte de meus pais me abandonei, abandonei minha liberdade, meu amor pela terra, pela Natureza, pelos animais. As pessoas que nos cercam chegam a nossas vidas para troca de aprendizado e experiência. Viva para você e por você, o sol nasce para todos; mas cada um o sente de forma diferente. Aproveite a sua vida e agradeça a todos que compartilham dela com você; amor maior que o amor-próprio não deve existir, pois nascemos sozinhos e morremos sozinhos. Aproveite cada pessoa que em sua vida passar, mas acima de tudo aproveite sua vida, pois ela passa num piscar de olhos. Aconteça o que acontecer nada pode ser mais importante na vida do que nós mesmos.

Programa – 6/11/ 2016

Indiferença

Vamos falar sobre o tema indiferença. É interessante como nós estamos um tanto quanto displicentes e desatentos, não estamos muito ligados nas coisas, não estamos muito ligados na gente. O Universo traz tantas oportunidades e a gente não percebe, não agarramos essas oportunidades, estamos distantes da gente, dos nossos objetivos. Precisamos ficar mais atentos, porque a vida está sempre nos trazendo ensinamento, é estranho que as pessoas estão sem foco, mas o que é estar sem foco? É a pessoa não estar ligada na sua alma; quando você conversa com as pessoas e pergunta, do que você gosta? "Ah, eu gosto de tanta coisa", e do que você não gosta? Aí a pessoa fala eu não gosto disso, não gosto daquilo, as pessoas normalmente sabem o que não querem, só que elas têm dificuldade de saber o que querem, e quando você não sabe o que quer perde o foco, e aí sabe o que acontece? A gente vai se distraindo, se você não toma conta da sua vida alguém toma, você tem que tomar conta da sua vida, é o que mais a gente vê, pessoas que não tomam conta da sua vida, escutando uma, escuta outra pessoa, mas o que é tomar conta da sua vida? É sair desse vício de viver para fora, cuidando da vida dos outros, ou de repente só vivendo, querendo se embelezar, colocando roupas maravilhosas, você se maquiar, muito bacana se olhar no espelho e ficar bem malhado(a), mas é fundamental a gente cuidar da alma, não adianta viver para mostrar para os outros o que nós somos, nós temos que viver para nós. Isso é egoísmo? Não, é amor-próprio, você precisa viver sentindo as coisas, e na nossa vida de relação é importante, é fundamental, a gente se ajudar, todo mundo precisa de ajuda, todos nós precisamos de auxílio.

Quando nós nascemos a nossa mãe nos ajudou, nossos avós, nossos tios, enfim, nós recebemos muito carinho e muita ajuda, então muito dos nossos sofrimentos é o jeito de ver, que tal a gente começar a ver as coisas de forma diferente? Que tal a gente começar a se esclarecer? Porque por meio do esclarecimento você vai se libertar, que tal você começar a ver de forma diferente? Às vezes algumas pessoas podem lhe mostrar uma coisa diferente e, a partir daquilo ali, você pode mudar a sua vida; olhe como é importante, a ajuda mútua, o compartilhar, isso a gente vê por intermédio dos espíritos superiores, eles sempre estão nos auxiliando, eles não desistem de nós, eles sempre estão nos auxiliando, mas sabe o que acontece? Você precisa querer, você está no umbral, está no vale do suicida, se você não levantar a mão e dizer que quer ajuda, isso não acontece, você precisa querer ajuda, ninguém faz nada por você, e sim por meio de você. Por que esses irmãos de luz não desistem de todos nós? Porque eles sabem que todos nós, encarnados e desencarnados, ainda na ignorância somos, na verdade, uma centelha Divina, somos uma parte do Divino, somos como uma semente, você planta e ela guarda dentro dela um potencial incrível uma árvore frondosa, e muitas vezes uma árvore que vai dar muitos frutos. Ninguém lhe dá nada; na verdade, é você que se dá, você que se dá atenção, que se dá ajuda, que se interessa e desperta, aí sim a espiritualidade, por meio de você, vai ajudá-lo. Deus, nosso criador incriado, não faz nada para você, faz por seu intermédio. Hoje é você que está nessa sintonia, você espírito encarnado como eu, ou desencarnado, você precisa se acalmar, precisa ter amor-próprio, se gostar, respeitar e despertar, só nós podemos trilhar o caminho da nossa vida, ninguém pode trilhar por nós, não fique esperando alguém para ajudá-lo, é você que tem de ir atrás! Nesses anos todos a gente vê esses espíritos, os espíritos de luz, e nós ficamos pedindo ajuda, você tem que ter a sintonia, você tem que dar o primeiro passo em seu favor em direção ao seu interior, em direção a sua alma; tudo é sintonia, se você não tem sintonia como que vai se ligar ao bem? Então você precisa trabalhar no bem para ter sintonia; agora uma pergunta: como a gente tem se comportado diante das dores dos nossos irmãos? Será que a gente fica só como espectador? E quando os espíritos de luz dizem, diante dos nossos irmãos, é uma pergunta de forma geral, eles não estão se referindo apenas aos nossos irmãos consanguíneos ou àqueles amigos mais próximos, estão dizendo o seguinte: será que todo mundo tem adotado a empatia? Ou nós estamos ainda indiferentes? Porque tem muita gente que justifica que não vai salvar o mundo, que não vai mudar o mundo; será que o que eu fizer, o pouquinho que eu fizer, será que vai fazer a diferença? Eles estão falando, que escutam às vezes a gente dizendo: "uma andorinha só não faz verão", e eles gostariam de lembrar a gente de que de grão em grão a galinha enche o papo, de gota em gota o copo se transborda, e é verdade; quando eles estão se referindo à indiferença. É assim, por exemplo: quantas pessoas estão sentindo dores, quantos seres não têm o que comer, não têm onde dormir, aqueles que acabam de perder as suas casas por desastres naturais, ou por guerras, mas eles querem nos dizer para aquelas pessoas que perdem alguém querido, por morte e todo mundo tem alguém que já desencarnou, isso dói, mesmos para os espíritas, a dor é uma coisa horrível ou, muitas vezes, alguém que rompeu o relacionamento de anos, é uma dor, e aí a gente percebe que alguns se afastam dessas pessoas que estão sofrendo, e alegam que a pessoa só fala naquele assunto, só sabe chorar, só sabe se queixar, nós estamos falando daqueles seres que estão depressivos, que ficam no quarto escuro e têm só como companhia os seus remédios e o sono causado por eles. Aí tem gente que diz assim: "essa pessoa só está querendo chamar atenção", é interessante que a gente se cansa muito fácil, nós estamos tão preocupados com o dia a dia, as contas que temos de pagar, com os atos da vida, com os *e-mails* da vida, que não damos atenção, porque estamos cada vez mais distantes um do outro. Quando a gente está distante mais um do outro, a gente está distante da gente mesmo.

Você já viu hoje em dia essa febre de entrar no grupo e deixar o celular ligado a noite inteira? E as pessoas ficam recebendo mensagens a noite toda! Nós estamos usando a tecnologia contra nós mesmos, não somos mais capazes de interpretar as pessoas no olhar. Antigamente a gente olhava as pessoas e sabia o que estavam sentindo, "olhe o olhar dela como está triste, olhe está guardando alguma coisa", a gente sabia, hoje a gente não sabe, não descobre mais se um ser está bem, porque a gente não vê mais essa pessoa, sabe? Porque a sua última visualização do WhatsApp foi há três dias, ou porque sua última publicação nas redes sociais você não colocou naquele dia. Como a pessoa está? Bom, eu vi a foto, a pessoa estava em Miami e fez uma *selfie*, deve estar bem; eu vi a pessoa, estava no aniversário, num casamento, a pessoa deve estar bem, né? Nós, muitas vezes, não somos capazes de nos atentar aos detalhes no decorrer da nossa caminhada, sabe? Por que precisamos acompanhar as últimas publicações? Aí tem gente que diz assim: "eu não aguento mais a TV", entra na internet e fica o dia todo recebendo mensagem: Oi, querida, um beijo. Como você está linda! Ah! Eu vejo isso. Então a espiritualidade está alertando: cuidado, vocês estão muito conectados nas tecnologias e totalmente desconectados da gente. A gente não sabe mais exercitar a bondade, exercitar nossos potenciais de sensibilidade; agora, será que você vai esperar o ladrão que assalta? Será que precisa acontecer alguma coisa, cedo ou tarde, para você se dar conta de que a vida que você leva é a vida que se leva, não as curtidas do *post* das redes sociais! Tudo isso é muito bom, faz parte, você tem que se controlar, nós estamos distantes, não estamos mais exercitando a empatia, não estamos mais com paciência, é tudo no automático, onde a gente vai parar desse jeito? E o contato com a nossa alma? Cadê? Como é isso? Ah eu preciso compartilhar, há pessoas que ficam uma semana sem mexer na rede social, chega na segunda-feira há trezentas mensagens, isso é coisa de doido! Meu Deus do céu! Você não exercitou seu amor, não sabe mais conversar, dialogar, não exercita mais a paciência, tolerância, e daqui a pouco as pessoas vão para outra dimensão, então vamos nos conectar uns nos outros, dar atenção, fazer as coisas com equilíbrio, vamos nos interessar por essas pessoas que querem nosso carinho, todo mundo um dia precisou de ajuda e você também vai precisar. A caridade, às vezes, é você ficar ali do lado, dando atenção, não adianta você ficar do lado no celular, que conversa que você tem com essa pessoa?

Então, vamos prestar mais atenção e entrar mais em contato com a nossa alma.

Psicografia

Eu me chamo André, sou filho de uma mãe que mal sabia quem era meu pai, o motivo? Simples, ela foi mais uma dentre tantas outras sem escrúpulo que se deitou com vários. Nunca aceitei o fato de não saber quem era meu pai. Morava numa comunidade onde eu era a piada do morro por ter uma mãe dessa, a forma que consegui para alcançar o respeito foi me tornando um dos traficantes mais poderosos da boca, e poderia ter a mulher que quisesse, e era o que eu fazia, mas a condição era que toda mulher virava minha e me devia respeito, porque senão eu ensinava a me respeitar, uma delas, por sinal uma das mais belas, Judith, decidiu não me querer mais e namorar outro, mandei raspar o cabelo e as sobrancelhas dela. Depois de uma semana, eu mesmo a matei, não nego que sofri, pois ela era a única que me despertava um algo a mais, passei cinco dias sem dormir vendo Judith atrás de mim, resolvi dar uma volta pela comunidade quando senti um tiro em minhas costas, na sequência vi a cara do traíra que me fez aquilo, ele disse: "você matou o amor da minha vida e me matou também por não mais poder externar o amor que descobri". Não entendo por que as mulheres agem de forma inescrupulosa, espero de verdade um dia entender.

Esse irmão estava lá no Vale dos Suicidas, fomos lá agora há pouco, ele deu essa psicografia e fez essa conversa muito interessante, ele ainda está lá e aos poucos vai tendo consciência, é totalmente perturbado, ainda é complicado. Então, quando você puder, você que está nessa sintonia, faça uma prece para o Vale dos Suicidas.

Programa – 16/11/2016

Equilíbrio

Hoje o plano espiritual quer conversar sobre equilíbrio, vamos falar sobre equilíbrio. Você é uma pessoa equilibrada? Normalmente nessa vida dizemos: "nossa, como você está desequilibrado! Como você perde o equilíbrio!" A pergunta que a espiritualidade quer fazer hoje para gente é: você é equilibrado? Você se considera uma pessoa equilibrada? Antes de responder, vamos verificar o que é o equilíbrio. Lá no dicionário está assim: "o equilíbrio é uma condição no sistema onde as forças que atuam se compensam anulando-se mutuamente". A espiritualidade diz que sempre observa a gente aqui no plano, os espíritos percebem que a gente tem uma ideia do que é um ser equilibrado, é verdade, a pessoa acha que ser equilibrado é aquela pessoa que não se altera, se mantém sempre inatingível, inabalável diante de todo e qualquer acontecimento, mas isso é uma ilusão. Como pode você encarnado, coração pulsando, ou você aí desencarnado, ficar nessa ilusão?

Vamos entender uma coisa exatamente sobre os altos e baixos dos nossos problemas, dos desequilíbrios. A gente pode escolher a forma que quer chamar, a gente vai evoluindo, eu aprendo com você e você aprende comigo, então será que sentir raiva, mágoa ou qualquer outro sentimento é interessante? Quando somos crianças achamos que os adultos passam para nós que isso é feio, você ficar com raiva é feio, você ficar com qualquer sentimento isso é feio isso, não pode! Como assim, não pode ficar com medo? Você é homem, não pode ficar com medo! Você tem medo sim, imagina, se é feio ou se não pode.

Deixa eu lhe falar uma coisa, como espiritualidade está dizendo: a gente precisa acreditar que o problema, a questão, não é o que a gente sente, e sim o que faz com esse sentimento, o que a gente faz com essa energia, porque vamos pensar juntos, a partir do momento em que nós somos um pedaço do Divino fomos feitos da matéria-prima do amor Dele, nada pode nos afetar, claro que você pode ficar ruim temporariamente, mas nada pode afetá-lo, porque nós somos feitos de um pedaço do Divino, a matéria-prima Dele é o amor, então o que acontece?

Com a coisa de equilíbrio que estamos falando hoje, a questão toda não está nos momentos de desequilíbrio, mas na verdade, o problema está na falta de atenção que nós temos com esses momentos. Jesus falava para a gente: "Orai e vigiai", precisamos nos vigiar, não vigiar os outros, nós precisamos ter atenção, porque a falta de atenção pode ser a nossa maior dádiva ou nosso maior pesadelo, porque quando você não está com atenção pode se complicar. Claro que estamos vivos, nós encarnados, e seres desencarnados, só estamos em corpos diferentes, mas estamos vivos, claro que nós vamos sentir raiva, ódio, medo; quando desencarna a gente continua sentindo a mesma coisa, claro, mas muito, cem vezes mais, um grande problema é a nossa desatenção. A gente deixa esse sentimento dominar, o equilíbrio não está em não sentir e sim sentir e dominar o sentimento; como a espiritualidade está dizendo: é fácil a gente estar em paz quando tudo ocorre como a gente quer; quando tudo sai como você planejou, é uma maravilha, a gente fica em paz, é uma coisa maravilhosa, agora a questão é: nós precisamos observar qual o momento exato que ocasionou esse problema interno, que é o quê? O desequilíbrio que você não gostou, que fez ficar com raiva, e aí é você controlar e não ser controlado por esse sentimento, não ser controlado por essas emoções e sim você estar controlando essa emoção, aí sim está controlando a sua vida porque a espiritualidade diz: "a paz que nós sentimos é quando o barulho de fora não perturba o nosso silêncio de dentro". Nós temos que agir, não deixar que o inferno dos outros entre no nosso céu, pode até parecer clichê ou frase pronta, mas vamos observar, quando você está bem fala assim: "hoje eu estou tão bem que nem fulano ou fulano que tem aquele humor péssimo ou aquele jeito horrível de ser hoje vai conseguir me abalar". Você já falou isso hoje? "Eu estou tão bem que eu posso encontrar aquela pessoa e nada vai conseguir me abalar, porque eu estou bem". O grande segredo da vida, como espiritualidade está dizendo, é ficar tranquilo, o grande segredo da vida é manter aquilo que se tem, é você ficar tranquilo, é você ficar calmo, é não ficar apavorado, aí você pode me perguntar: "poxa, Sinuhe, mas manter o que se tem? O que isso tem a ver com a questão emocional?" Tudo, sabe por quê? Porque a chave para a gente manter esse equilíbrio é o autoconhecimento, a nossa consciência, a questão é que muitas vezes reconhecer o que nos afeta e nos tira do trilho requer um abandono do ego. Você deve estar se perguntando: "ego"? Isso mesmo, ego, enxergar que determinada situação, por exemplo, eu errei, eu que sempre disse que não iria errar agora estou sendo apontado, eu errei, não é tarefa fácil porque vou precisar sair do pedestal; então você precisa reconhecer. A grande questão é que nosso ego passa cheques que nosso corpo não pode pagar, muita gente come mortadela e arrota peru. A gente fala que jamais faria isso, quando você menos espera está fazendo e pior, é aí quando você não sabe reagir a essas emoções, quando você fica calado, fica tudo com você; como seu espírito vai proceder para tirar isso?

Começam aparecer as doenças, porque quando a boca não fala, a gente esconde tudo, o corpo fala, então controle emocional não é não sentir as coisas, você deve sentir as coisas, estamos aqui na vida, devemos sentir com a alma, mas nós precisamos dominar, colocar a inteligência emocional. Quando você cria com inteligência emocional cria uma consciência, esse é o ponto, nós estamos aqui para sentir as coisas. Ah! "Eu não posso sentir, é feio!" Não é nada feio, você sente as coisas, eu sinto, mas eu controlo, eu coloco inteligência emocional e vou direcionar essa energia. Por exemplo, como diz o Armando, o equilíbrio da vida é como andar de bicicleta, você precisa estar em constante movimento; é isso, não é que você vai lá para o monte Tibete e vai ficar lá orando, assim é fácil se manter equilibrado, mas estamos aqui na vida de relação, nós vamos lidar com pessoas que realmente não são como queremos, elas que nos iludem; por que as pessoas nos desiludem? Porque nós nos iludimos, e nós precisamos viver com equilíbrio, precisamos viver nessa vida de relação, na nossa vida, que nós temos relacionamento com todo mundo, precisamos cooperar sempre com todos de uma forma natural. Quando cooperamos com as pessoas nós estamos dando energia e recebendo energia, como é importante termos na nossa vida de relação o ato simples de consideração simples, como, por exemplo: caiu alguma coisa você pega, parece que está fora de moda, mas não, ato simples é uma regra boa para o relacionamento. Outra coisa: se você quer viver harmoniosamente, se você quer viver em equilíbrio, deixe as pessoas viverem em paz; nós precisamos dentro desse processo de equilíbrio parar de querer controlar as pessoas, parar de discutir, nós precisamos de dentro desse processo de equilíbrio ser pacientes uns com os outros. Tem gente que é apressada, a gente costuma dizer que a pressa é inimiga da amizade, porque ela gera uma pressão em relação ao outro, a pessoa que é impaciente é descontrolada, desequilibrada, acaba enchendo o saco dos outros e você vive assim, eternamente agitado(a), com essa ansiedade. Quem vive assim passa uma insegurança, a gente precisa viver de uma forma tranquila, dialogando, conversando, perguntando, de repente, a opinião da outra pessoa para ela se sentir importante.

A gente precisa relaxar, ser mais caridoso(a), todo mundo precisa de ajuda, todo mundo vai precisar de ajuda, a gente precisa usar a nossa palavra para levantar os ânimos das pessoas e estimulá-las; nós precisamos usar a palavra para levantá-las, dizer coisas boas, coisas positivas, elogiar: "calma, que isso vai passar", vamos dar valor às coisas boas. Isso é tão bom, você conviver com uma pessoa que é gentil, a gente precisa cooperar vendo o bem das pessoas, o bem do Universo, praticando realmente o amor, ou você vai ser daquelas pessoas que só vão contar histórias negativas? Olhar o lado ruim não é ser equilibrado, ficar no bem, e você está no bem? Está usando os seus cinco sentidos para ficar equilibrado? Está com atenção? Estamos aqui para sentir as coisas, mas não podemos deixar nossas emoções, nossos sentimentos, nos dominar. Nós temos que dominar nossos sentimentos, nossas emoções, temos que estar com o controle da nossa vida na mão; se você não tem a direção no seu carro, o que vai acontecer? Você vai bater, quem está no controle da sua vida é você, não podemos colocar nossa vida ou felicidade no colo das pessoas esperando que elas façam alguma coisa para nós, precisamos começar a dirigir a nossa vida, a nossa felicidade, a nossa realização deve estar nas nossas mãos e não depender das pessoas, compartilhar com as pessoas, direcionar sentimentos negativos que você está sentindo; como você vai direcionar? Dialogando, perdoando, desculpando, direcionando, realmente assumindo o controle da sua vida, isso é estar equilibrado.

Psicografia

Deixe-me viver, e, na verdade, o que é morrer? Morrer não é o fim da conexão de espírito e corpo; morrer é aprisionar a alma quando se está encarnado com padrões e conceitos. Eu me chamo Artur Michel, e como Artur Michel vivi 56 anos no plano terrestre, esses 56 anos sobrevividos e até mesmo adormecidos me fizeram refletir e aprender muito após o desencarne. Nasci em família muito rica, o mais velho filho de três irmãos homens. Meus pais que já vinham de famílias muito ricas carregavam consigo muitos bens herdados, os quais foram posteriormente passados para mim e para os meus irmãos, estudei bastante não por gosto, mas sim por imposição do meu pai. Meu pai dizia com muito orgulho que seus três filhos homens iriam gerir e dar continuidade aos bens da família. Morávamos num palacete em área nobre, rica, da cidade de São Paulo; aos 15 anos já ajudava papai na fábrica de chapéus; aos olhos das pessoas que não nos conheciam profundamente tínhamos uma vida perfeita, família grande, unida, bonita e muito rica. Meus pais sempre que possível organizavam grandes recepções para a alta sociedade; apesar de ser algo corriqueiro, eu, quando pequeno, gostava muito dessas festas, ver o grande salão com seus lustres imensos acesos, com cortina de veludo azul-escuro, chão de madeira nobre, mesas fartas de pratos maravilhosos e pessoas finas muito bem trajadas conversando alegremente. Mas, com o passar do tempo, tudo aquilo se tornou muito chato e vazio, pois tínhamos aulas de etiqueta e seguimos o que era aprendido à risca. Os assuntos eram sempre os mesmos: negócios, viagens, família, joias e investimentos, conversas em tons de voz baixo, piadas bobas, sorrisos falsos e interesseiros de negócios.

Quando completei 17 anos meus pais começaram a me convencer de que estava na hora de arranjar uma pretendente, a esposa, eu fiquei muito empolgado com essa novidade, pois os hormônios afloravam a cada dia, mas eu não sabia o que me esperava, aquela notícia não era uma permissão para que eu pudesse me apaixonar, mas sim uma imposição para um casamento arranjado, o qual poderia beneficiar os negócios da família. Nesse período, pelo acaso do destino, conheci Juliet, moça simples, tímida, vinda do interior, filha de serviçais que trabalhavam no palacete vizinho ao qual eu morava. Juliet tinha algo que me encantava: eram a simplicidade, a sinceridade, a paciência e um sorriso talvez o mais lindo que já vi em toda minha vida. Como ela morava ao lado de minha casa, sempre que possível nos encontrávamos e conversávamos assuntos corriqueiros; entre boas risadas e muita troca de conhecimento, me vi pela primeira vez e única vez apaixonado. Juliet me acalmava, com ela eu era verdadeiro, sem etiquetas, sem detalhes, sem não pode.

Depois de seis meses da mais pura amizade resolvi conversar com meu pai para que ele pudesse pedir permissão ao pai de Juliet para eu cortejá-la. Após o jantar, como de costume papai foi à biblioteca ler e assinar alguns documentos, e eu o acompanhei para podermos conversar, disse a ele que havia conhecido uma moça que tinha me interessado muito e que gostaria de cortejá-la. Papai ficou muito feliz achando que era alguma das moças vazias e cheias de etiquetas que frequentavam nossas festas; quando eu disse que era Juliet papai se transformou, entre gritos, os olhos arregalados e murros na mesa fui proibido de ver Juliet, e antes de deixar a biblioteca papai me disse que no máximo em 30 dias escolheria uma noiva para mim, a qual em breve se tornaria minha esposa.

Fiquei desesperado e, apesar de um homem não poder conversar com a mãe sobre assuntos de mulheres, eu fui conversar com ela, que, por sinal, estava assustada com o comportamento intempestivo de papai que não era nada comum. Enquanto eu contava tudo que havia acontecido, mamãe ficava de cabeça baixa, com olhar perdido; ela só levantou a sua cabeça quando terminei de contar tudo. Com os olhos cheios de lágrimas e com voz embargada, ela me disse: "meu filho, isso é algo normal, o que você passa agora eu passei na minha juventude, não morri, com o passar do tempo você se acostuma, como eu me acostumei com seu pai, dentro do possível fomos felizes". Nesse exato momento, antes que eu pudesse falar ou perguntar algo, mamãe se levantou e saiu, fiquei ali parado, estarrecido com o que acabara de ouvir.

Exatos 30 dias depois, na hora do jantar com toda a família reunida, papai todo sorridente me trouxe a notícia de que a noiva que ele havia escolhido para mim era Larissa. Larissa era filha de um grande banqueiro que era muito próximo de papai e geria todo o dinheiro dos homens de nossa família. Larissa, moça sem graça de voz esganiçada, cheia de etiqueta, boas maneiras e muito preconceituosa, tratava os serviçais como lixo, e isso me incomodava muito, fiquei desesperado com a notícia, mas nada podia ser feito, fui obrigado a cortejá-la por seis longos meses até a data de nosso casamento ser marcada. Nesse ínterim Larissa foi reclamar para o seu pai da frieza como eu a tratava, e este, por sua vez, veio reclamar com meu pai, que ficou furioso comigo. Papai descobriu que eu ainda me encontrava com Juliet e com seu poder de alta sociedade fez com que ela e seus os pais fossem despedidos e enviados de volta ao interior, com alta soma de dinheiro. Pensei em fugir, em me matar, mas minha covardia não me permitiu, vivi 38 anos com Larissa, tivemos dois filhos e herdei parte da fortuna dos meus pais. Tive muitas amantes, me embriaguei dias, meses, anos a fio, perdi altas somas de dinheiro em jogos de azar, mas nunca fui feliz, era um homem amargo, de pulso forte como meu pai, passei uma vida toda e morri com grande revolta no peito por não ter ao meu lado a única mulher que amei e por uma única razão: ela não era da alta sociedade. Atualmente, em tratamento, percebo a diferença entre viver e morrer, e posso garantir que a minha morte foi decretada aos meus 18 anos e que o orgulho e vaidade são as maiores prisões da alma.

Muitas pessoas acham que o dinheiro é a solução para todos os problemas, mas não é, o dinheiro não é a solução nem o problema, a situação está no apego, no orgulho das pessoas. Meus dois filhos, após a minha morte, se digladiaram pela minha fortuna, o que mais me entristeceu. Morram enquanto há tempo para o orgulho, para o apego, para a vaidade, aproveitem os seres que vocês amam, pois a vida no corpo é um caminho para uma rápida partida, libertem-se, não deixem que os padrões e conceitos aprisionem suas almas. Ser verdadeiro é o maior e melhor caminho para se viver, analise sua vida enquanto há tempo, sorria, ame, coma, perdoe e peça perdão, descanse e se canse por longos passeio no parque com quem se ama; em resumo, vivam verdadeiramente. Agradeço a oportunidade de estar contando essa mentira que foi minha vida.

Programa – 20/11/2016

Os Injustiçados

Hoje eu queria falar sobre os injustiçados, eu achei interessante esse tema, é a espiritualidade que vem nos passando. Dentro desta coisa dos injustiçados, temos um hábito de reclamar da vida, que a vida está difícil, de repente você vê algumas pessoas com certa facilidade e você não a tem, você vê pessoas que, com pouco esforço, conseguem as coisas, e você se esforça e não consegue. Vê pessoas que fazem loucuras e têm uma saúde, você é tão regrado(a) e a sua saúde não é tão boa, e a gente fica reclamando.

A espiritualidade disse que muitas vezes a gente acha o mundo injusto, e essa afirmação pode-se dizer assim vem de várias vertentes, pois, se você for analisar, cada pessoa reclama de alguma coisa, de alguma área da sua vida. Há uns que reclamam de doença, dinheiro, da afetividade.

Então vamos lá: é muito comum a gente encontrar pessoas que começam a reclamar, porque não encontram de repente o homem ou a mulher dos seus sonhos, dizem que não conseguem se relacionar com uma pessoa certa, sabe aquela coisa, e aí a pessoa diz assim: "eu conheço determinada pessoa, que sabe que a conduta do outro é duvidosa, e ela saía com todo mundo, não era uma pessoa assim de família". A pessoa fica julgando, "ela(e) teve um casamento maravilhoso e eu, de família, me preservei, eu só encontro curva de rio, eu não encontro o homem, não encontro uma mulher". Outros reclamam também, como eu estava falando, são extremamente regrados e higiênicos e se comparam até com os mendigos; com relação a essas pessoas que ficam na rua elas têm escassez de higiene, privação, "eu sou tão regrada e as coisas difíceis acontecem, eu sempre estou doente, sempre visitando o médico, estou cansado". Outros reclamam: "por que será que eu vim nessa família? A gente não se encontra, é um bando de pessoas abandonadas"; "eu conheço uma família que está numa pobreza, todo mundo é pobre, aí a pessoa começa a julgar os outros pelo valor monetário, ainda diz que a pessoa tem um dinheiro que não é honesto, julgam, enfim, todas essas pessoas realmente se acham injustiçadas.

Se continuássemos falando passaríamos o dia todo; a espiritualidade está dizendo o seguinte: a primeira coisa que precisamos ter, e eu acho isso muito interessante, é o hábito de agradecer, quando você agradece, libera fluxo para receber, por isso que é importante você estar sempre agradecendo o que você tem, o que você está fazendo; o ato de agradecer libera o fluxo de receber, nós temos que entender que nada do Universo está solto. Parece que ninguém está o vendo, mas Deus está com você, e é bom a gente entender que hoje é uma continuação do ontem; não, a espiritualidade não está se referindo ao ontem como dia ou tempo anterior, mas sim como outras vidas, nós estamos no processo de continuar a nossa evolução e continuar aprendendo. É interessante, como a espiritualidade está dizendo, como a gente vê os bebês, como exemplo, em determinadas doenças que não se justificam. Muitas vezes as mães sempre tiveram hábitos saudáveis tanto na gestação, como antes dela, e o bebê nasce com uma doença que não tem justificativa, então é justo um bebê morrer em uma família que tanto o aguardou? Que tem condição de criá-lo, de uma forma tão bacana, essa família se preparou, se planejou, teve um sonho, todo mundo aguardou, um enxoval, e de repente passar por uma tristeza: vem o bebê e morre, desencarna, e toda aquela família passa por esse desgaste. A espiritualidade está dizendo: **"nada é por acaso, não existem culpados ou inocentes, o que existe é um semear voluntário e uma colheita obrigatória".** Como dizia Jesus, você não está nessa família por acaso, ninguém está na família por acaso. Nesse exemplo que a espiritualidade mencionou sobre o bebê, que foi uma forma de tudo acontecer com esse bebê, desencarnar e a família ficou dessa maneira, foi uma forma sábia, a qual o Universo encontrou para fazer isso, para que o espírito do bebê evoluísse, como toda a família.

Quando você, que tem uma criança especial, todas as pessoas estão envolvidas nesse processo, e ele está reparando, está no processo evolutivo, e todos que estão em sua volta também estão. Aí você pode estar dizendo assim: "evolução, tem certeza? Evolução? Um bebê por acaso tem pecado?" Deixa eu lhe dizer uma coisa: a gente precisa entender, como a espiritualidade está colocando, aquele espírito é antigo, ele está no corpo pequeno, mas é espírito que tem muita experiência, que semeou lá atrás e de repente, agora, o Universo, com toda a sua família, encontrou uma forma para que todo mundo evolua; e em relação à família? Você sabe que tipo de relação houve no passado? Tem tanta filha que detesta o pai. Nós muitas vezes ficamos com esses pensamentos, o que leva a gente a ter esse pensamento constante de injustiça? É muitas vezes o nosso imediatismo. A gente tem falado aqui há muito tempo, o que acaba não termina, e que o nosso espírito com certeza vai sair desse corpo e vai assumir um novo invólucro, tudo tem uma vaga. Você está aqui, você desgasta seu corpo, sua matéria de uma forma natural, aí sai desse corpo para o corpo astral, e logo o Universo vai lhe dar uma nova oportunidade, onde você volta e continua a evolução. Só que existe a lei de ação e reação, tudo o que você plantou, o que foi de uma forma livre entre aspas, vai ter de colher, então a gente precisa perceber que o Universo às vezes não dá o que você quer, mas sim o que você precisa para evoluir. Esse ganho acontece de acordo com a sua sintonia, por isso não pode culpar ninguém, você não está fadado a nada; sabe o que é determinismo? E quando vai nascer, quando você vai desencarnar, agora tudo você pode mudar alterando sintonia, por exemplo: você está sintonizado em uma rádio X, mas se você quiser outra rádio vai mudar de estação; o que a espiritualidade está explicando é que também tem muita gente que sente culpa, sente muita culpa, e não sabe o que é, com certeza também está em vida passada. Você não está aqui para sofrer, não está aqui para pagar, então saia da culpa, você não está aqui para pagar nada, você está reparando as coisas, aprendendo, você não está pagando nada, você está aqui para ser feliz. Então Deus, nosso Criador incriado, lhe dá oportunidade para vir aqui mudar sua história.

Muitas pessoas adoecem, como a espiritualidade está dizendo, porque têm essa programação mental, que estão aqui para pagar as coisas, não, você não está aqui para pagar nada, está aqui para aprender, para ser feliz, então saia da culpa, saia dessa sintonia, porque o Universo faz você nascer exatamente sem lembranças de vidas passadas, para que você não fique no pior. Raras vezes alguém sabe da sua vida passada, só quando for um motivo útil, por isso que muitas vezes a pessoa vai ao consultório e diz que quer saber da vida passada, e a espiritualidade não permite. É por isso que regressão de memória de vida passada só é autorizada quando há uma finalidade, reprogramação, por exemplo, porque o subconsciente está de alguma forma trazendo a programação do passado impedindo o seu presente, aí sim os espíritos autorizam, caso contrário, não. Nosso Pai, Criador incriado, é amor e misericórdia. Ele está dando uma oportunidade na matéria para que não sofra nem seja penalizado, pelo contrário, ele está dando uma nova oportunidade para a gente evoluir, a gente aprender; e como a gente evolui? No bem, no amor, pois cada um de nós é constituído desse amor; pare de se punir e de se culpar, a espiritualidade está dizendo para a gente se lembrar sempre de que a justiça sem misericórdia é tirania.

É bom a gente saber que toda doença física tem a sua raiz na emoção; é por isso que a gente tem alertado todo mundo a encontrar a sua alma, pois é na alma que está tudo de que nós precisamos, por isso que você não pode mais mentir para si, tem que viver a sua realidade olhando para os seus sentimentos, realmente o que você sente, olhando a outra pessoa como se ela tivesse um ser Divino dentro dela, como você também tem, você também é um ser Divino. Então precisamos respeitar, ter paciência, tolerância, nós somos diferentes, mas temos de ver que cada um está no seu degrau de evolução; da mesma forma que você gosta de coisas boas, pessoas também gostam de coisas boas; aliás, a nossa alma gosta de coisa boa, e todo mundo é assim, cada um está tentando ser feliz de algum modo. Como nós ainda somos espíritos em evolução, muitas vezes queremos ser felizes e vamos errar, por isso que a desculpa e o perdão têm de fazer parte da nossa vida. Você que é bravo(a), chato(a) respondão, que briga com tudo, e com tudo implica, pare um pouco, alivie, viva uma vida mais leve, tranquila, pare de se cobrar, de se bater, vamos dar importância para as coisas pequenas que são tão lindas e são tão boas, vamos ser mais flexíveis, não é porque aconteceu uma coisa de errado com você que vai acontecer de novo, tudo pode acontecer de bom. Pense no lado bom. Pense que vai melhorar, não fique esperando as coisas dos outros, faça você, você tem que mudar. E, muitas vezes, a gente aqui nessa vida entra em fugas, não sabe o que vai no coração do outro, a gente realmente não sabe, então julga uma pessoa, ela está fazendo isso ou aquilo, a gente não sabe o que está acontecendo. Nós vivemos uma continuação, então não podemos nos sentir injustiçados. Nunca estamos sozinhos. Deus nosso Criador incriado está dentro de nós, está fora de nós, sabe o que é bom para a gente, a gente se sente injustiçado porque quer uma coisa, o nosso Criador incriado nos dá o que a gente precisa para evoluir, e a gente se sente meio injustiçado, invocado, mas já está na hora de começar a despertar. E estamos despertando aos poucos e isso é muito bom, e o que acaba não termina, e por que isso? Independentemente da religião, religião é muito bom, mas religião não salva ninguém, o que salva, como disse Jesus, são suas obras, as obras que você faz consigo na sua alma, intimamente. A gente não pode mais viver uma mentira. Nós temos de viver a verdade do nosso coração, vamos fazer esse mergulho, vamos entrar em contato com as nossas emoções e os nossos sentimentos e não vamos fugir deles, vamos resolvê-los.

Psicografia

Eu me chamo Jack, em uma das festas da faculdade conheci Kathy, uma garota absolutamente incrível, pessoa da qual não parecia existir na face da Terra; ela, assim como eu, era do grupo dos não aceitos. Começamos a nos relacionar, e a cada dia encontrar mais e mais similaridades, nada entre nós era acordado, tudo era subentendido. Por dois anos vivemos a perfeição do subentendido e do decidido na hora, até que Kathy mudou, passou a me evitar, mudou o seu círculo de amizade, até suas vestimentas eram outras.

Após mais uma de minhas brigas com a minha mãe e meu padrasto, fiz, como de costume, e saí andando sem rumo e foi aí que vi

Kathy aos beijos com outro no carro. Kathy era a única pessoa que alegrava meus dias e agora vê-lá com outro foi meu fim. Passaram-se mais alguns anos e eu continuei naquela droga de vida, vendo a minha mãe apanhar do meu padrasto e virar um monstro comigo quando eu a defendia, alegando que eu não sabia o que era amor, e, por várias vezes, sendo ignorado por Kathy como se nunca tivéssemos nos conhecido. Descobri que Kathy ficaria noiva, vi ali o último trisco de esperança acabar. Tive a ideia de acabar com a vida de Kathy como ela fez com a minha. No dia do seu noivado feri vários convidados gravemente, me matei, caí do seu telhado. Espero entender por que Kathy foi tão cruel comigo e por que minha mãe nunca me amou.

Esse irmão se suicidou, infelizmente viveu um mundo ilusório, porque nós queremos que as pessoas façam aquilo que achamos que tem que ser feito, e não é assim. A gente quer que a vida funcione como a gente acha que deve funcionar, mas as pessoas têm direito de trocar de opinião, têm o direito de fazer o que elas bem entendem, por isso que é interessante: **a semeadura é livre, mas a colheita é obrigatória**.

Agora, você desencarnado, você se acha injustiçado? Você que se sentiu ofendido, que não aceita a mudança, que está sofrendo, o que diz: "eu não merecia, ela fez isso comigo ou ele fez isso comigo", tudo bem, saiba o que aconteceu já aconteceu, está certo? A história não vai mudar, já aconteceu, você querer se vingar por meio das suas próprias mãos não vai dar certo, você vai continuar sofrendo. E quando você chegar a se vingar, você vai ver que o que você sente aí dentro de você não vai resolver, você vai continuar sentindo, então, o que a gente pode fazer? Pedir ajuda por intermédio de uma prece, dizer que realmente está sofrendo, e a espiritualidade superior vai até você. Deixe com o plano Divino; a lei de ação e reação, com certeza, vai reparar essa situação, mas que não seja você que faça justiça pelas próprias mãos; se desapegue, e vá ser feliz. A todos vocês que estão nessa sintonia, desencarnados, faço uma prece e, com certeza, esses irmãos vão auxiliá-los.

Programa 27/11/2016

Religião não é Passaporte

Hoje eu vou falar sobre religião. Religião não é passaporte. Se você for analisar, nós sempre vimos durante muitos anos os conflitos religiosos no Iraque, aqueles ataques suicidas dos homens-bomba, motivados pelo Islamismo. A gente vê a Nigéria, eu me lembro em 2006 daqueles confrontos entre cristãos e muçulmanos; e as Cruzadas?. Quando a gente estuda, vê lá que do século X ao século XIII, tiveram aqueles conflitos na Terra Santa, enfim, mas a gente percebe que, depois da Segunda Guerra Mundial, a ONU adotou a Declaração de Direitos Humanos, que coloca em pauta o respeito, a liberdade para todos os seres de raça, cor, sexo, língua e religião. Em 1999, foi reforçado tudo isso, mas, passados alguns anos, o que se vê ainda é muito conflito, e grande parte desses conflitos envolve crenças, doutrinas, se misturam com aqueles fatores políticos, econômicos. Se você for analisar em religião, a conclusão que a gente chega é a seguinte: a maior causa das guerras e conflitos ocorre em virtude das religiões, e cada vez mais isso vem tomando conta de mídias, filmes, livros. Verificamos que as religiões sempre foram causas da violência, e muitas vezes não foram a causa da Paz. Então hoje eu gostaria de perguntar: **será que a religião é o nosso passaporte para o céu?** Será que, para a gente ficar tranquilo, interessante é que a gente percebe que nós temos um conceito, quando alguém desencarna, uma das primeiras perguntas que vem à mente é assim: **qual o credo religioso que a pessoa tinha? O que a pessoa professava, que religião?** E aí quando você fica sabendo a partir desse julgamento, dependendo das respostas, as pessoas ficam falando: "a pessoa vai ter alguma dificuldade", ou "a pessoa não vai ter dificuldade com relação ao desligamento do corpo, ah é espírita! Ah, espírita sabe de muita coisa, então vai se desligar facilmente, e deve estar bem, né?". Porque o espírita sabe das coisas, ou é umbandista, enfim, ou é da igreja, vai logo para junto de Deus e de Jesus; então são por alguns esses pré-julgamentos que a espiritualidade gostaria de convidar a gente hoje para olhar tudo isso por novos ângulos.

Vamos lá, o primeiro ponto que a gente precisa lembrar é que cada ser está na Terra para trabalhar a sua evolução; você pode estar se perguntando: qual a minha missão? A sua missão com certeza é trabalhar a sua evolução, então, quando a gente entende isso logo, que cada ser é único, a partir daí não necessariamente existe um método para você evoluir, cada um é cada um, de repente o que para você é bom para mim não é, cada um está num degrau de evolução, não é porque é bom para você, que será bom para mim, de repente é bom para você, só isso. O outro ponto-chave que a gente precisa destacar é o seguinte: o que a gente tem visto com todo esse trabalho, todos esses anos, é que a teoria é uma coisa e a prática é outra totalmente diferente; mesmo nos livros, quando você começa a entrar em contato com os espíritos, quando começa realmente a fazer esse trabalho mais de perto, a teoria é uma coisa mas a prática é totalmente diferente.

Isso acontece quando a gente desencarna, acontece, muitas vezes, quando você de repente recebe uma palavra, vai a um culto religioso, não importa, naquilo em que você se sente bem, você recebe aquele banho maravilhoso de coisas boas, e para colocar em prática é difícil, não é tão fácil. A espiritualidade está dizendo que a gente precisa ser mais claro, para que todo mundo compreenda de certa forma melhor; alguns exemplos: olhe como a experiência depende muito, quando não se tem experiência na cozinha e se resolve fazer uma receita, na qual em uma das explicações se encontra aquela frase: mexa até dar o ponto de caramelo; eu pergunto para você que está lá cozinhando, nunca viu um caramelo, então pouco sabe o ponto, eu mesmo, se colocar lá: ponto de caramelo, e eu lá sei, parece caramelo, é um pouco de açúcar, vai saber o ponto, eu vou ficar confuso. Outro exemplo, quando eu fazia faculdade de psicologia, que são cinco anos, estudava diversas teorias, fiz estágios, montei o consultório e o dividi com alguém, e comecei a atender uma pessoa, e você precisa ver o melhor método para aplicar em cada caso, mas você pode dizer assim: "é para isso que a pessoa estuda", mas a questão é como você aplica o que estudou com facilidade na prática. A espiritualidade está dizendo aqui, isso só foram dois exemplos que mostram as dificuldades que existem entre a teoria e a prática, por isso é muito importante ter empatia.

A gente precisa extirpar aquela ideia de que qualquer religião é passaporte para a libertação; as religiões são apenas rótulos, o valor do ser humano não está em seu credo religioso, mas sim nos cultivos da sua alma, aquilo que você coloca em prática, por exemplo, nesse mundo agora em que está acontecendo a regeneração.

O que é a religião? É o amor, religião é apenas um rótulo, o amor não está no credo religioso; **o que você está cultivando na sua alma?** Como a gente tem falado, oque acaba não termina, nós temos que entender que a maior vertente do desligamento da matéria ainda é o apego, tanto a coisas como a pessoas. É difícil e você vive com alguém e acontece alguma coisa que o magoa, e difícil você soltar, é difícil de repente quando você pensa no seu passado e aconteceu alguma coisa, a gente pensa no passado com uma lembrança boa, tudo bem, quando aconteceu alguma coisa que o magoou, que o feriu, que tem marcas, que de repente a ferida ainda não está totalmente cicatrizada, você diz assim: **"mas eu já resolvi",** não, você não resolveu, ainda está apegado à mágoa, você está apegado às pessoas.

Quantas vezes você que está aí desencarnado, que ainda está apegado, você ainda está apegado a sua casa, às coisas que você usou durante tanto tempo, você pensa que é seu. Você que de repente não está mais no corpo físico, a pessoa deu a sua roupa, de repente a sua mulher ou as pessoas deram o seu sofá no qual você dormia antes de desencarnar, deram suas roupas, a pessoa está querendo fazer um inventário do carro e está querendo dar o seu carro, sendo que o carro para você era tudo, você está apegado.

Uma das coisas do desligamento da matéria que dói muito é o apego, tanto nas coisas como nas pessoas. Então quando a pessoa desencarna, ela enfrenta uma coisa terrível; por isso a intenção não é julgar ninguém, não é para dizer para você: "poxa, tenho desencarnado aqui", mas eu sei da sua dor, eu sei dos tantos anos você viveu com a pessoa na sua família, seus filhos, eu sei que você está preocupado, mas você precisa se conscientizar de que Jesus, nosso Criador incriado criado, do jeito que Ele está cuidando de você, Ele cuida de cada um de nós. Precisamos ter fé, nós precisamos nos conscientizar de que **tudo é possível**, só que você precisa estar disposto. Outra coisa em termos de religião, temos de respeitar as pessoas, cada um tem o período de amadurecimento, e cada um coloca essa teoria em prática, no seu tempo, a pessoa está professando aquilo que ela acha, não importa, vamos esquecer o rótulo e nos lembrar de que todos, sem exceção, estão aqui no planeta Terra para uma finalidade, que é evoluir, então nós precisamos acordar para isso, não importa o rótulo que você professe, vamos respeitar. Agora é importante que você evolua e o evoluir está em respeitar, na empatia e na solidariedade. Ninguém precisa provar nada para ninguém, mas todos nós vamos desencarnar e vamos encontrar nossas obras, aquilo que você fez do coração, da sua alma, você foi verdadeiro consigo? Ou você desencarnou e continua machucado(a)? O que você está fazendo? É fato também que nesse caminho nós vamos nos machucar, e nós vamos machucar as pessoas; porém, mais importante é que a gente se respeite. Que a gente nunca esqueça que o principal muitas vezes não é o caminho e sim a direção, então vamos nos respeitar; o que você está fazendo da sua alma? Se o que acaba continua, você vai ver, nós vamos continuar vivos, e se você não resolveu aqui, se aprisionou, com angústia, mágoa, se você não resolveu as coisas vai continuar do lado de lá; sem resolver, pedindo perdão, desculpa, então vamos resolver. A coisa mais importante que a espiritualidade superior disse é que nós precisamos, não só ter paz, mas também continuar na paz do lado de lá; o que isso é? Consciência tranquila, eu fiz o meu melhor, eu solto pessoas, coisas, está tudo certo, eu abençoo tudo, agradeço a tudo, tudo está muito bom, isso é tão importante, a gente respeitar a crença de todo mundo, cada um está no seu degrau de evolução; o mais importante, independentemente dessa crença desse rótulo, você está aqui para evoluir, e você está aqui para cuidar dos seus sentimentos, das suas emoções e resolver isso. Desculpe, perdoe, reconsidere, olhe de forma diferente, questione por que você está com esses sentimentos, direcione as energias que estão paradas, faça esse trabalho, esse mergulho interior com você, saiba que nosso Criador incriado, por meio dos seus mensageiros, vai vir até você, e sempre vai ajudá-lo, porque nós nunca estamos sós.

Psicografia

O que é amar? O que é o amor? O que é a vida? O que é viver? Tantas perguntas sem respostas, tanto viver sem sentido, e qual o sentido que a vida tem? Amargura do abandono de desamor, o ardor que queima o peito até a morte, o desespero que o faz se sentir enjaulado, mesmo estando no aconchego do lar ou na vastidão da Natureza, é o magma que em chamas corrói o coração abandonado, é a escuridão que não tem fim, no corredor apertado e sombrio, a incompreensão própria e do alheio, é o abandono profundo e total, essa sou eu Anael, ou por uma vida toda depressão. Desde muito pequena, fui um ser triste, calado, desalinhado e incompreendido pelos demais em minha volta. A minha família e outras pessoas que tentaram se aproximar não compreendiam o porquê dos meus atos, como eu poderia julgá-los, se nem eu mesma compreendia a dor que carregava no peito sem um aparente motivo, todos os que tentavam se aproximar de mim depois de um período se afastavam. Eu exalava tristeza e angústia, os únicos que permaneceram ao meu lado até a morte foram os meus pais, eu me sentia um peixe fora d'água, em qualquer lugar tudo que era novo, me desesperava, me recusava a frequentar todo e qualquer lugar que me expusesse: escola, festas, amigos, viagens, nada me alegrava, ouvi de tudo, que eu era mimada, que agia daquela forma para chamar atenção, que eu era o demônio, um ser de mau agouro e, na verdade, eu sofria de depressão. Só quem passa pela depressão sabe o que eu estou escrevendo. Em alguns momentos minhas crises eram tão intensas que me tornavam agressiva, e hoje compreendo que os meus momentos de agressão eram o instante do ápice do terror.

Aos 13 anos, em um acesso de crise, eu me descontrolei, finquei uma tesoura no meu pescoço atingindo a jugular, lavando todo o chão do meu quarto em poucos minutos de sangue. Fui ficando sem força e como que desapareci, por incrível que pareça aquele momento me trouxe um alívio e leveza que nunca havia sentido quando encarnada. Despertei pelo barulho de gargalhada, solavancos, rostos e corpos desfigurados me aterrorizavam, e eu quase explodi de tanto desespero, a escuridão era quase total, sendo iluminada por esses seres avermelhados que gargalhavam ao meu redor. Sentia dores fortes pelo corpo enquanto jorrava sangue aos montes pela fenda no meu pescoço, soluçava em desespero e pedia pelo amor de Deus que não me fizessem mal esses seres desfigurados. Entre gargalhadas e gritos me diziam como eu era má, ingrata, sem escrúpulos, e que deveria sofrer o tanto que eu os havia feito sofrer. Fui aterrorizada e acompanhada por eles que me espetavam a todo momento com ferrões de abelha por todo o corpo, por onde me arrastava lá estavam eles a me ferroar, a gargalhar e ainda mais atormentar.

Passei pelo ciclo do pânico e me tornei novamente insípida até não suportar mais; tudo que eu fizesse, falasse não os fazia parar a tortura, até que no ato de desespero me ajoelhei em pratos e me coloquei a rezar, e me entreguei a todo aquele sofrimento. As lágrimas jorravam de meus olhos inchados e desciam como em chamas queimando meu rosto, senti como se um grande furacão me envolvesse e, como se eu girasse sem parar em uma velocidade descomunal, me senti como se fosse desmaiar; quando despertei, tudo era silêncio, calma, as dores ainda persistiam, mas o sangue não jorrava mais, naquele momento descobri que estava em tratamento onde me encontro ainda, compreendi que tenho nova chance de renascer, de evoluir, mas meus desafetos, pessoas que matei e fiz sofrer muito me encontraram no corpo e me atormentaram e me fazer enlouquecer e destruir minha grande chance de fazer tudo diferente e evoluir, é a tão conhecida obsessão, isso é mais comum do que se pode imaginar.

Deus dá sempre uma nova chance, mas vamos colher o que plantamos, **o plantio é livre, mas a colheita é obrigatória**. Hoje compreendo que o meu medo e angústia eram tudo culpa, e a culpa, mesmo que inconscientemente, me levou ao maior dos sacrilégios que é o suicídio. Oro a Deus por tantas almas que desgracei e a mim mesma por tamanha atrocidade cometida, a oração com fé é a melhor proteção que existe para o corpo, e o amor, ah o amor, como disse Pedro: **"o amor cobre uma multidão de pecados"**. Orem por vocês e por todos os sofredores encarnados e desencarnados do plano, só compreensão, amor e fé nos tirarão do ciclo vicioso de barbaridades cometidas contra as dádivas de Deus. Sei que minha história é em demasia pesada, mas infelizmente é a realidade de muitos. No amor, na fé, na esperança.

Anael

Muitas vezes esses espíritos não vinculados a Jesus querem que você se estrumbique. Então precisa de estudo, de seriedade, de caridade com você, e os médiuns também têm que tomar muito cuidado, muita precaução, porque todos nós temos de tomar cuidado, e os espíritos, nossos irmãos, ainda que na verdade não são esclarecidos, agem na nossa fraqueza. Por exemplo: se a sua fraqueza é a enxaqueca você vai ter muita dor de cabeça, se seu problema é a dor lombar eles vão atingir você, e assim vai; às vezes, para o atingir, para chegar em você, eles entram pelas nossas brechas, por isso é importante orar, a prece é fundamental, não é os outros, é a gente.

Vamos continuar discutindo sobre esse processo do desencarne. Quando nós desencarnamos, cada caso é um caso, não existe uma regra: "Ah! Então quando eu vou desencarnar eu vou para o nosso lar". Não, para começar você desencarna como você viveu, é verdade, você vivia de uma forma e vai desencarnar dessa forma. Nós desencarnamos como a gente vive, então quanto mais serenidade você tiver, melhor serenidade que eu digo não é de aparência e sim do coração. Nós precisamos viver nosso coração, a nossa alma, nós precisamos entender e compreender, primeiro você, depois os seres que estão na nossa vida. **Nada acontece por acaso**, aquele ser que, por exemplo, está na sua família e que de repente você não se dá bem, ele pode ser uma pessoa maravilhosa, estamos mostrando para você o que tem que arrumar em si, então é assim na vida, você vai trabalhar e encontra uma pessoa que o irrita, tira você do sério, e por que isso acontece, o que é isso? Essas pessoas na verdade estão mostrando para você o que há dentro de si, e precisa melhorar e arrumar; o que é arrumar? Toda a nossa vida, para as pessoas, nós não vivemos para elas não, a vida é conosco, nós temos que fazer esse mergulho interior, então é muito ilógico quando você deposita a sua felicidade no colo das pessoas, não vai ser legal, você vai se decepcionar e vai se desiludir. Não adianta você ficar reclamando do outro(a), dizendo que não tem sorte, que a pessoa fez isso para você, que as coisas não estão acontecendo, isso é uma inverdade, isso, na verdade, é uma imaturidade espiritual. Nós temos com certeza que perceber que precisamos despertar, despertar o quê? O nosso interior, temos de analisar e verificar o que está acontecendo conosco, ou seja, os nossos sentimentos, as nossas emoções; não se de detone, você precisa ficar do seu lado, ter autoestima, mas isso não é egoísmo? Não, o amor-próprio é fundamental, você ter amor-próprio é fundamental, se gostar, sabe por quê? Quando você começa a fazer coisas boas para si, faz com que o Universo repita tudo isso para você. Então a chave da vida está sempre com você; quando eu me trato bem o Universo me trata bem; quando me dou valor o Universo me dá valor, não é com o outro, é com você; é claro que é preciso respeitar o outro, precisa ser amável, porque sai da gente, volta para a gente. Certo, isso é fundamental, o que sai de você volta para você; então, pela lei de ação e reação você precisa ser amoroso, educado, ter paciência e tolerância sempre com o outro, e eu preciso cuidar do meu interior. Quando a gente convive nessa vida de relação é muito importante viver de coração, sentindo as coisas de coração, porque só assim, você se entregando, você vivendo, vai descobrir quem é você. Ou seja, é na vida de relação, quando a pessoa não gosta de você, quando você sente alguma coisa o incomodando, esse incômodo que você sente, de repente com uma pessoa que não aceita, que você não aguenta, tudo isso é coisa que você precisa resolver dentro de si, a vida é assim, sempre.

Programa – 4/12/2016

Nada é uma Regra

A espiritualidade está aqui, e nós gostaríamos de comentar uma coisa sobre o acontecimento dessa semana, que nos surpreendeu, e se vocês forem analisar, surpreende a todo tempo. Nós somos surpreendidos pelo ladrão da vida, você pode estar se perguntando, como assim? É isso mesmo, porque a morte é ladra, porque por mais que as condições físicas dos seres estejam precárias, nós sempre temos uma lembrança, uma esperança de driblar a morte. Muitas vezes as pessoas estão na UTI entubadas, mas a gente sempre tem uma esperança, dessa vez a pessoa vai driblar a morte, vai sair dessa e de repente sai, mas a questão é: e quando o ladrão leva várias pessoas ao mesmo tempo como aconteceu no acidente da Chapecoense?

São chamados desencarnes coletivos, isso realmente, concordo com você, choca não só as pessoas consanguíneas, mas também, todo mundo fica chocado. Diante desses últimos acontecimentos, o que a gente pode fazer? Que nós saibamos colocar em prática toda a empatia e o amor ao próximo, a espiritualidade é muito feliz quando diz que: Só falamos quando nossas palavras forem tão suaves como o silêncio, o que é isso? As pessoas ficam falando muito sobre os desencarnados, há muitos anos falo com os desencarnados, desde os sete anos de idade que eu punha minha mediunidade em prática. Nessa ocasião estava conversando com um espírito, questionei: me explica do que você morreu? E aí o espírito disse: "eu vou te dizer uma coisa, você ainda é jovem, mas o pensar é buscar, não posso falar do que eu morri, do que eu desencarnei há muitos anos, quando eu estive aqui no planeta Terra, eu possivelmente já passei por tudo que eu passei, mas o espírito, normalmente de luz, não fala do que ele desencarnou". Então, por isso que a espiritualidade coloca: **nós só falamos quando nossas palavras forem tão suaves quanto o silêncio; que sejamos calmaria ao invés de tempestade**. A gente vê muitas pessoas falando muita coisa, pessoas no seu degrau de evolução postando muitas vezes na internet fotografias de outras no caixão lá do IML, é muito desagradável, isso não é legal. Então, que a gente possa trabalhar a empatia, fazer bastante prece.

Eu quero falar junto com a espiritualidade que nada é uma regra, então vamos lá, vocês já pararam para pensar, para observar, como existem tabus para se tratar de alguns assuntos? Ainda que esses assuntos façam parte de nosso cotidiano. Entre os assuntos tabus nós podemos mencionar como exemplos: falar sobre o sexo, ou sobre quando você vai ao banheiro também, e a morte, então, nossa, falar sobre morte, a pessoa fala, por favor vamos mudar de assunto, a morte ou o desencarne, ou como vocês possam preferir chamar, está no *ranking dos* mais proibidos. Ninguém gosta de falar sobre morte, e assim nós, seres humanos, vamos caminhando a cada dia para o encontro exatamente com o desencarne. Mas é claro, como se nós fôssemos eternos, falamos no máximo sobre o filme "você já assistiu ao *Ghost*?" Sabe qual filme? Ou você já leu um livro que diz que depois da morte vai levado para uma colônia, você já leu um livro que diz que a família vem buscar ou algum ente querido, ou então que aquelas pessoas que morrem descansam em paz até o juízo final ou que, também, algumas pessoas irão para o céu, porque seguem à risca a palavra de Deus, sabe essas coisas, porque seguiram à risca as regras. Até que um dia a tão temida morte chega, e, de repente, toma um ser querido da sua família, leva um filho, leva sua mãe e seu pai, e graças a esse fato tão recorrente, nós gostaríamos nesse momento de esclarecer algumas coisas. A primeira delas é que o que acaba não termina; segunda coisa: nada é uma regra, pois cada caso é um caso.

Essa semana, eu conversando com alguns desencarnados, eles disseram assim para mim: "veja, três desencarnados em dias diferentes, mas cadê? Minha mãe não veio me buscar! Poxa, meus avós não vieram me buscar não! Mas eu li sobre isso". Então cada caso é um caso, nós dizemos isso porque existem sim seres que estão com seu espírito adormecido esperando o que acreditam ser o juízo final. É verdade, no plano espiritual, às vezes, você vê aqueles espíritos dormindo quando saem fora do corpo, estão esperando o juízo final, "estou esperando Jesus voltar", verdade, como existem seres que vão para a colônia assim que desencarnam, também como existem seres que vão ser amparados pelos entes queridos, mas há também seres que vão para o vale dos suicidas, existem seres que ficam vagando pelo mesmo lugar de quando estavam encarnados, chorando na casa ou no carro. O que a gente quer mostrar para vocês, espero que eu esteja sendo bem claro, não existe uma regra para o desencarne, cada ser funciona de uma forma individual, isso é importante, porque o que se leva da vida é a vida que se leva, portanto nós desencarnamos e temos como bagagem os mesmos sentimentos de quando estávamos providos do invólucro, sabia disso?

O que você sente, o que você tem na sua alma, vai levar, então é por isso que é importante quando nós estamos aqui encarnados entrarmos em contato com a nossa alma e ver o que estamos sentindo. Ontem eu estava conversando com uma pessoa e ela me disse: "estou tão triste", e eu disse: essa tristeza vem de onde? "Ah! não sei, eu não estou muito bem com meu marido, será que é isso?" Eu respondi: o que que você acha? Eu não sei, não estou dentro de você, aí ela falou: "Ah! eu acho que é porque tá chegando o final do ano, eu queria viajar dessa vez, faz 12 anos que eu vou para Praia Grande, esse ano eu vou para Praia Grande, de novo, eu acho que deve ser isso, o que você acha?" Não sei, eu não estou dentro de você. Aí nós começamos o trabalho e ela estava triste, sentindo fraqueza, um desânimo, não estava dormindo há alguns dias porque ela tinha dois desencarnados perto dela, uma tia tinha falecido com câncer de seio e o tio dela, que fazia nove meses que tinha falecido de trombose, então eles estavam grudados nela e fazendo perguntas. Ela estava sentindo toda a melancolia, isso acontece, então deixa eu lhe falar uma coisa, nós precisamos saber também que as dores que nós temos na alma quando estamos encarnados são as mesmas quando desencarnamos, com um agravante: quando você desencarnar vai doer tudo aquilo que estava sentindo um milhão de vezes mais.

Tem gente que acredita que alguém que está na UTI está com problema, mas pelo menos a pessoa descansou em paz. Não, ela continua quando acorda no plano, ela continua com dor, mas quando a gente acorda no plano nós não temos mais corpo. Você diz: "mas não é possível que esteja doendo, não tenho mais corpo", mas a sensação continua, não é brincadeira, tudo é consciência, esse despertar da consciência para que o espírito saiba que não tem mais o invólucro carnal, que ele agora está em outro corpo e esse corpo é só sensações do que ele viveu. É muito difícil, então as pessoas ficam sendo tratadas e muitas ficam andando por aí; quando esses espíritos que não têm essa consciência chegam perto de você, você começa a sentir dores no corpo, dor de cabeça, muitas vezes começa a sentir até a dor que a pessoa sentia quando era encarnada, quando estava sofrendo.

Olhe que interessante. Essa semana eu atendi uma moça, ela é de Campinas, foi lá e disse para eu olhar para o filho dela; o marido dela tinha desencarnado em consequência do alcoolismo, estava grudado nela e ficava muitas vezes com o filho, e ela disse que até o jeito de ele dormir assim com as mãos, franzindo a testa, parecia o ex-marido que faleceu de cirrose havia um ano e meio, mas ele era tão bom, ele estava muito próximo do filho, e ela falou assim: "às vezes eu vejo vultos," é normal, então muitas vezes as pessoas que desencarnaram com certo tipo de doença, quando elas não fazem a passagem, não se liberam de todos os problemas emocionais porque o que traz a doença são problemas emocionais não bem resolvidos, por isso meus caros, pedimos para que todo mundo faça uma oração em prol desses nossos irmãos, independentemente de termos perdido um ente querido ou não. Se você for analisar, no fim somos todos viajantes desse tempo e desse espaço, e somos todos um pedaço do divino, então nós podemos sim nos solidarizar com todos, todos merecem, como somos irmãos temos um pedaço do divino, fomos feitos da matéria-prima de Deus que é o amor, nós podemos realmente solidarizar, orar e fazer como os espíritos dizem, ter empatia.

Psicografia

Olá, sou Emanuel Gurgel, e ainda hoje colho tudo em espírito o que plantei quando encarnado. Como é difícil caminhar pelo equilíbrio quando se dá foco no extremo! Eu quando criança vi o homem que mais amei, meu pai, definhar e morrer de um câncer medonho. Papai, senhor Osvaldo, homem trabalhador e cumpridor de suas obrigações, cuidava de mim, da minha irmã Angélica com tanta paciência e amor, ele era um homem que trabalhava demais, os poucos momentos livres de que dispunha era para ficar com a família. Eu fui um filho temporão, cheguei nove anos depois de Angélica; quando o papai morreu eu beirava os oito anos, por esse motivo fui muito protegido pela minha mãe, minha irmã e pelos meus quatro avós.

A perda de papai foi o meu maior baque na vida, me lembro de chorar todas as noites durante anos pela falta de meu querido pai. Minha família tinha muito medo que eu morresse de tristeza e por amor me estragaram, parei de estudar aos 13 anos, e só arrumei meu primeiro emprego aos 20. Meus avós tinham uma situação financeira muito boa e depois da partida de papai assumiram nossas despesas. Eu, mamãe e Angélica nunca tivemos com que nos preocupar, mamãe se dedicava tempo integral à casa e à família. Angélica se sentia culpada em sair e se divertir com os amigos, ficando solteira ao lado de mamãe; e eu, bom, eu com toda a minha revolta com a perda de papai me tornei rebelde e boêmio, não trabalhava, não estudava, dormia até às três horas da tarde todos os dias, e tarde da noite partia para as algazarras com os amigos sem limites como eu. Quando mamãe tentava conversar comigo que aquilo não era a vida, prontamente era calada pelos meus gritos de homem feito e mimado, e sempre era acalmada por Angélica e por meus avós, que justificavam a minha imaturidade pela perda de papai.

Como eu disse, meu primeiro emprego foi aos 20 anos porque arrumei uma namoradinha, e o pai dela tinha uma grande indústria. Raquel era filha única, mimada como eu, e seu grande sonho era se casar; entrei na empresa para ser chefe de setor, mas eu não sabia fazer nada, e não tinha vontade nenhuma de aprender, chegava e saía a hora que queria, e só tomava café o dia inteiro, achava lindo ver a copeira me servir café na bandeja, mas trabalhar mesmo não trabalhava. Seu Norberto, pai de Raquel, até era um homem de bom coração, sempre que podia dizia gostar de mim como filho e que teria muito orgulho de me ver administrar os bens ao lado de Raquel. Eu achava aquilo tudo muito chato, o trabalho e a Raquel; aguentei aquela situação por um ano, depois disso larguei tudo, emprego e a chata da Raquel. Nessa época, meus avós estavam muitos velhos e foram morrendo um a um. Aos 25 anos perdi meu último avô, pai de minha mãe, que faleceu da mesma maneira que meu pai, fiz um inferno na vida de minha mãe e de Angélica e exigi minha parte da herança, dilapidando tudo o que me cabia em cinco anos entre mulheres, noitadas, bebidas, jogos de azar e viagens. Aos 30 anos me encontrava farrapo humano, magro, um alcoólatra e amargo, apesar de tudo isso mamãe e Angélica permaneceram ao meu lado com todo amor e carinho. Quando elas tentavam conversar comigo para que eu parasse com aquela vida vazia eu justificava: "vale a pena trabalhar e construir uma família para ser atropelado por uma doença maldita que corrói o corpo?" Aos 32 anos sofria de dores terríveis no estômago e quase não me alimentava, mas me recusava a ir a qualquer médico ou parar com aquela vida vazia. Seis meses depois comecei a vomitar sangue e fui diagnosticado com câncer de estômago. Apesar da falta de força pelo estado deplorável em que me encontrava não aceitei passar por aquilo que meu pai passou, e, para desespero de mamãe e de Angélica, me enforquei na certeza de que pouparia a mim e a elas de tanto sofrimento: ledo engano, meu corpo morreu, mas eu continuei vivo, amargo, quando no corpo revoltado, quando no corpo sem rumo e com todas as dores e sofrimentos que a doença pode trazer. Neste momento me encontro em tratamento, meu espírito ainda sofre com vômito sanguinolento e dores, mas estou aprendendo muito mais do que quando encarnado. Descobri que o amor não mima, mas ampara, direciona um ser em fase de crescimento. Minha família fez o melhor por amor mas eu não fiz, não tomei posse da minha vida, não cresci nem evoluí. Mimo e amor são sentimentos opostos, dar responsabilidade à criança leva à construção de um adulto focado, equilibrado. Deus me proporcionou várias possibilidades de amadurecer e evoluir, e eu, por ignorância, transformei tudo em birra e revolta. Quando chegou a minha vez de passar pelo amadurecimento, no momento da doença, parti em fuga por meio do suicídio, mas Deus Pai todo-poderoso, no Seu infinito amor, não arredou o pé, e me deixou vagar em grande sofrimento para que eu chegasse a esse exato momento de tanta aprendizado e amadurecimento. Nunca quando em vida pude imaginar que passaria por tudo que passei, nunca imaginei que pudesse agradecer a Deus como agora agradeço por tanto aprendizado, agora, sim, caminho para o despertar, para o viver e para dar valor à vida e aos seres ao meu redor, caminho para a verdade da vida, que é o aprender e o ensinar, é o amor e não o apego. Alegria de viver é aceitar todo aprendizado que Deus nos traz, sabendo que tudo que vem é para o nosso crescimento e não para castigar. Deus é amor, vida e evolução, e eu com Deus sou forte, sou livre e sou tudo. Apesar da convalescença em que me encontro, estou muito mais feliz do que quando no corpo com tudo o que possuía, agora tenho a certeza de que tenho tudo que preciso, amor por mim e por Deus; agradeço a Deus, por me permitir tamanho experiência e por poder compartilhar minhas descobertas com vocês.

11/12/2016

Somos o que Pensamos

A espiritualidade está aqui hoje para dizer que tudo é energia, a energia é tudo que há, sabia? Quando você por exemplo sintoniza uma frequência que deseja inevitavelmente, essa realidade é a que você terá, porque não tem como ser diferente, isso não é filosofia ou religião, isso é física, sabia? É o pensamento que faz essa sintonia que dará a você a frequência, então por isso que a espiritualidade diz que nós somos o que pensamos. Eu pergunto para você: já parou para pensar, para analisar que muitas vezes ouvimos casos e dizemos assim: "nossa, como isso foi possível?" Então a gente vai lhe perguntar hoje, o que além da fé move os acontecimentos? A resposta é simples, o que move além da fé, o que move os acontecimentos é o pensamento, e a gente precisa entender isso.

É bom que fique bem claro que a fé sem obras é morta, mas é a partir do pensamento que tudo começa, não é verdade? Por exemplo, hoje você está na sua casa, no seu apartamento, alguém pensou, se esforçou e realizou, agora claro que a ação é o passo fundamental para que você alcance seus objetivos, então você tem um sonho, tem que partir para realizar isso, não adianta sonhar, ter pensamentos e ficar com os braços cruzados, não, porque deixe eu lhe explicar uma coisa: a espiritualidade está me passando, o pensamento funciona exatamente como um ímã, então aquilo que pensa você vai atrair, porque aquilo que pensa é uma energia que emana de você e é exatamente o que vai atrair, por isso que a espiritualidade diz: o que sai de você volta para você. A espiritualidade está dizendo que muitas vezes vê seres que questionam sobre isso, sobre os trabalhos de magia. Muitas pessoas chegam lá no meu consultório e dizem que a vida está parada ou que tem alguma doença ou está com alguma dor horrível. Há muitas vezes aqueles casos que em você está muito doente, vai ao médico e ele manda fazer muitos exames, você vai, faz vários exames e não chega a nenhum resultado, e o médico diz que está tudo certo, não tem nada, não sabe o que é, talvez alguma virose ou que você dormiu de mal jeito, que comeu alguma coisa que fez mal, não tem uma causa. Muitas vezes você olha a pessoa e ela está com a aura toda esburacada, com um trabalho de magia, e aí você fala para a pessoa e ela diz assim: "mas me diz uma coisa, eu sou tão bom(a), eu não faço nada para ninguém, eu quero saber por que esses trabalhos pegam em mim? Eu faço oração, o evangelho no lar, e por que esses trabalhos pegam em mim?" Sabe de uma coisa, todo o trabalho só consegue pegar quando ele encontra uma brecha em você. Aí você pode dizer: "mas uma pessoa fez um trabalho para mim com intenção de eu morrer, de eu desencarnar, que eu ficasse numa cadeira de roda, na cama". Deixa eu lhe falar uma coisa: não tem essa de brecha, porque já tive momentos horríveis na minha vida, nem nos meus piores momentos eu desejei isso a alguém; você pode se encontrar sem vontade, só pensar em dormir, com depressão, com vontade de chorar, "a minha vida está parada, nada dá certo, eu sinto dores nas costas" e assim vai. Vamos explicar uma coisa para vocês: o trabalho de magia não precisa exatamente do mesmo sentimento para fazer efeito, por exemplo, essa semana foi uma pessoa até mim e disse assim: "Eu mostrei para ela na regressão que ela tinha esse trabalho, que tinha uma intenção que ela ficasse numa cadeira de roda ou desencarnasse", mas a pessoa não tinha esse sentimento, como ela disse: "nem nos meus piores momentos eu desejei isso a alguém".

Então vamos entender uma coisa, para que essa magia pegue em você, não precisa do sentimento igual para fazer efeito; por exemplo, esses irmãos que trabalham fora da lei que ainda são ignorantes, eles ignoram a Lei Divina, ação e reação, mas chega uma hora em que a ficha vai cair, eles não vão mais mexer com isso, porém esses irmãos que trabalham fora da lei ainda usam várias vertentes; como assim várias vertentes? De um sentimento para alcançar seu objetivo: uma pessoa não precisa entrar na sua casa pela porta da cozinha, ela pode entrar pela porta da sala, pode entrar pelo corredor, entrar pelo fundo desde que tenha uma entrada, não é assim? Então é a mesma coisa com o trabalho de magia, você para pegar esse trabalho de magia não precisa ter o mesmo sentimento, o que ele precisa fazer é entrar na sua energia, e é exatamente isso que acontece. Por exemplo, uma organização que quer se instalar em determinadas região, o que faz? Um supermercado, vamos usar isso como exemplo; uma ocasião, muitos anos atrás, eu trabalhava numa multinacional e atendi a um cliente ali na Barra Funda. Eu cheguei lá e ele me contou o seguinte: "veio uma pessoa aqui de um mercado grande, e disse que quer comprar isso aqui, disse que não quer saber qual o valor, quer que o dono venda, para falar o seu preço". Ele disse o preço e esse mercado comprou, porque tinha feito um estudo dos pontos fortes e dos pontos fracos do concorrente, por que ele fez isso? Para saber se existia um mercado para ele, além de aproveitar os pontos fracos dos concorrentes, porque queria abocanhar uma parcela maior do mercado, viu que tinha chance de abocanhar essa parte do mercado, uma parte fraca, o que ele fez? Foi lá e comprou várias casas e hoje está lá montado um mercado enorme. Então, o que eu queria passar para você é isso, o trabalho de magia é a mesma coisa, o trabalho de magia trabalha com o magnetismo, e ele vai aonde? Exatamente nos nossos pontos fracos, então os amigos espirituais dizem o seguinte: quando esses irmãos fazem um trabalho para você, eles ajudam na sua evolução, porque você começa a se perguntar: por que isso pegou? Porque deve ter algum ponto fraco e você começa a trabalhar esse ponto fraco. De certa forma é assim que nós somos ajudados, interessante isso, mas é verdade. A espiritualidade está dizendo, por isso que não existe trabalho que possa ser desmanchado sem a parte fundamental que é você, então, ninguém vai desmanchar um trabalho para você se você não tiver nessa sintonia, se não fizer parte, não fizer a sua parte, porque cada um é responsável por todos os acontecimentos da nossa vida. Não adianta a gente culpar os outros, os próximos; nós somos funcionários da nossa paz, a gente não pode terceirizar a função, você pode falar: "mas cada coisa que existe!" É, mas existe mesmo, existem pessoas e espíritos de todos os tipos, e você diz assim: "Ah! mas fulano tem muita inveja mim", mas é mais inveja do quê? "Eu não tenho nada, moro de aluguel". Mas muitas vezes as pessoas querem ser e fazer o que você faz. É verdade, a gente tem que ser caridoso, compreender e entender essas pessoas que têm uma certa fraqueza; há pessoas que fazem questão de falar mal de você para se sobressair, a espiritualidade superior vê isso, e torce para que a gente realmente supere essas coisas. Por isso é importante você não criticar, não julgar, e praticar a caridade com você, movimentar esse amor.

A gente saiu ontem do espaço umas quatro horas da manhã, e hoje eu percebi como é importante fazer o trabalho em conjunto, e o trabalho com vários médiuns, mais ou menos uns 40 médiuns, e você precisava ver, outros foram embora, outros ficaram até tarde a montar o auditório, fizeram um trabalho lindo, limparam, enceraram, e a gente percebe como é importante o trabalho em conjunto, como é importante a gente trabalhar com o mesmo objetivo, e o nosso objetivo aqui no planeta Terra, que esses irmãos ilustres estão dizendo, nosso objetivo é o amor, evoluir, só que nem todos estão no mesmo patamar, mas como o Armando está dizendo: "**o que importa não é o caminho, o que importa é a direção**", a evolução; e nós precisamos compreender que o que rege o Universo é um ciclo de ação e reação, que cada ato seu, cada gesto, palavra, pensamento gerado por nós é uma causa que terá seu respectivo efeito, então tudo que você pensa, o que você fala, seu gesto, a sua palavra, tudo vai ter uma causa e terá um respectivo efeito. E que o nosso futuro, meu futuro, seu futuro, será consequência dos nossos pensamentos, das nossas palavras, das nossas ações no presente, então o que a gente tem de fazer? Como ajudar sempre? Ajudar sempre sem ferir, vamos amar a todos; mas como vou amar a todos? Compreender sem criticar, aceitando realmente o que é, as pessoas são diferentes da gente. "Ah! Mas tem gente que se dá, é se presta a esse serviço, de fazer esses trabalhos de matar bicho", tá certo, fazer o quê? São degraus de evolução, calma, como Jesus dizia: "**nenhuma ovelha se perderá**". Todas essas pessoas que fazem tudo isso, que movimentam muito dinheiro, comércio para satisfação do seu ego, tudo isso vai mudar um dia, só que você tem que cuidar de si, e tem que se amar, você tem que se cuidar, tem que evoluir, e nós evoluímos no amor, na compreensão e entendimento, no perdão.

Psicografia

Perder a conexão do corpo com a alma, quanto medo e mistério ao redor da morte, medo do desconhecido, medo do esperado sempre inesperado, medo de perder o que não é nosso, medo de soltar o que é palpável e partir para o invisível, aos olhos cegos por tantos padrões. Meu nome é Jaqueline e, quando encarnada, passei por todo esse pavor de quando chegasse a minha hora de morrer. Católica fervorosa que acreditava cegamente no céu, no inferno, no pecado e no juízo final, nasci e me criei em família grande, unida, alegre e sem maiores problemas de relacionamento. Aos 16 anos conheci Juca, meu primeiro e único homem, me casei virgem aos 21 anos com direito à igreja, vestido branco, bênção do padre e toda a pompa que eu queria. Eu e o Juca construímos uma linda família com Francisco e Clara, nossos dois filhos, tesouro que Deus nos deu, que nós criamos com muito amor e carinho. Levávamos uma vida confortável e alegre, nossos filhos se casaram e nos trouxeram quatro lindos netos, Jorge, Júlia, Renan e Rebeca. Aos 42 anos, me vi avó pela primeira vez, quanta alegria ao ver o rostinho de Jorge pela primeira vez, misturada a uma grande angústia pela perda do meu pai João. Não sei o que seria de mim com a perda do meu pai se não fosse a chegada de Jorge, era por Jorge que eu levantava todas as manhãs; hoje percebo como Deus é misericordioso, pois o nascimento dos meus quatro netos foram próximos às perdas dos meus queridos pais e sogros. A todo momento morrem pessoas na Terra, mas a perda de um ente querido era o meu pior pesadelo, e a partir do momento em que perdi meu pai e me tornei avó esse medo se tornou maior.

Eu já era uma senhora de 42 anos, avó; perdemos entes queridos e, no final da vida, qualquer resfriado, dores no corpo, já me levavam aos médicos e à ingestão de vários remédios, mesmo quando nada doía eu ia ao médico preventivamente, e ganhei o apelido carinhoso de hipocondríaca. Aos 62 anos uma bomba caiu sobre a minha cabeça, sangrei por dias, tive muita cólica, e depois de muitos exames saiu o resultado, eu tinha câncer uterino, câncer? Minha hora de morrer havia chegado, quanto desespero, eu só fazia chorar, e os pensamentos brotavam aos milhões, quem cuidaria da minha casa? Do meu marido? E meus amados filhos e netos, quem iria direcionar a criação das crianças? Quem faria chazinhos para cólicas e dores de barriga? Quem faria sopinhas, ensinaria com tanta paciência as primeiras palavras?! Quem ampararia os primeiros passos? Daria vários beijinhos para sarar os dodóis nos momentos das peraltices?

Como toda minha vida, minha única vida, era os outros, era minha família, eu não me preocupava se passaria por dores, mal-estar, enjoo ou a perda de todos os pelos do corpo, não me preocupava se iria definhar, mas sim quem cuidaria dos meus. Por dois longos anos sofri tudo que se pode sofrer com câncer, mas nada, absolutamente nada, fez com que eu desapegasse dos meus; minha família sofria pela minha doença e eu sofria por perdê-los.

Depois de várias idas e vindas do hospital, de vários dias internada em hospitais frios e cinzentos, fui liberada para ir para casa; os médicos nada me disseram, mas eu conseguia ver nos olhos dos meus filhos e de meu marido que eu havia recebido uma alta para morrer em casa. Quanta angústia ao ver a minha família todos os dias a fio, chorosos, se controlando, aguardando a minha partida, mas eu não queria morrer, eu tentava conversar com Deus para convencê-Lo da minha importância viva, mas meu corpo não respondeu ao tratamento com os remédios, o pouco que eu conseguia ingerir por causa dos enjoos, devolvia pouco tempo depois pelos vômitos, lutava contra o sono porque meu medo era dormir e morrer. Depois de sete dias em casa vivendo diariamente a batalha pela vida, tarde da noite, quando meus filhos haviam voltado para suas casas e meu marido, vencido pelo cansaço, dormiu ao meu lado, cochilei despertando pouco tempo depois.

Quando acordei vi minha avó ao meu lado que, com um sorriso no rosto, me beijou a face, me desesperei, tentei gritar, mas estava paralisada, como a minha avó estava ali? Se ela havia morrido há mais de 20 anos, será que eu estava sonhando ou delirando por causa dos remédios? Com certeza minha cara para ela era de terror, vovó sorria e passava a mão pelo meu rosto e cabelos e me dizia: "minha filha, fique calma, está tudo bem, chegou sua hora de voltar, precisamos que tenha calma e nos acompanhe". Nesse momento vi várias pessoas que eu conhecia invadirem meu quarto. Quanto desespero! Comecei a me debater e a chamar pelo meu marido, mas, por mais esforço que eu fizesse, não sentia mais a minha cama balançar para que meu marido acordasse. Eu gritava, gemia e lutava para sair daquele desespero. Um dos homens do grupo pegou minha avó pela mão e sentou-se no seu lugar, ele me disse: "Jaqueline, sou Orlando, médico-chefe dessa equipe, seu corpo está inerte, sem vida, chegou sua hora de deixar o seu corpo e tratar seu espírito, se você se acalmar poderemos acompanhá-la para se tratar. Médico-chefe? Equipe? Corpo inerte? Eu morri? Ai, meu Deus, eu morri!!! Sentir as mãos deles por todo o meu corpo com aquela sensação me trazia desespero; com toda a sua calma, ele continuou: "Jaqueline, sabe rezar? Eu não conseguia responder, o choro entalava a minha voz, ele continuou: "reze, Jaqueline, feche seus olhos, respire com calma e deixe sua fé invadir todo seu ser". Minha vó Luzia, com o mesmo sorriso no rosto, acompanhava tudo o que estava acontecendo. Fechar os olhos, rezar, respirar, eu não quero morrer; depois de muito lutar me entreguei, vencida pelo cansaço e os olhos fechados, respirei profundamente, fiz uma prece desconexa, comecei a sentir um alívio e adormeci. Para mim essa situação durou pouco tempo, mas quando abri os olhos já me encontrava em outro local limpo e claro, um salão enorme com muitas pessoas. Em um reflexo, tentei me levantar e fiquei tonta, sendo amparada por uma enfermeira que com todo o carinho me deitou novamente no leito. Senti uma dor muito forte na barriga e gemi me mantendo deitada, sem reclamar, dormi novamente; quando acordei vovó estava ao meu lado, depois de muito chorar compreendi o que estava acontecendo, mas mesmo assim não aceitei.

Eu queria ver minha família, queria visitar, minha avó me visitava todos os dias e com muita paciência ouvia as minhas lamúrias.

Depois de um período de tratamento, um pouco melhor mas ainda com muitas dores, tive permissão para visitar a minha família, quanta alegria ou vê-los, tentei abraçá-los mas fui impedida pela equipe. Enlouqueci, gritei, chorei, esperneei, empurrei todos que tentavam me amparar, eles me afastaram e pacientemente me deixaram fazer o que eu queria. Fui abraçando a todos em minha casa, estavam cuidando do meu marido, tentando festejar os seus 70 anos, só aí me dei conta, como os meus netos estavam crescidos, minha filha tinha outro bebê lindo, que chegou após a minha partida. Fiquei tão feliz, outro netinho, eu o abracei e também os demais, sem entender tantas novidades, sem perceber quanto tempo havia se passado, só quando a minha filha começou a passar mal, sentir náuseas, parei, olhei para a equipe que até então me observava calada. Neste momento vovó me explicou que eu não estava bem e minha família estava sentindo os fluidos da doença que meu espírito ainda expurgava, ou seja, eu fazia minha família se sentir mal, uma grande tristeza me abateu, como eu poderia voltar para minha casa e fazer mal a minha família? Naquele momento, aos prantos, obedeci à equipe e voltei para me tratar. Agora eu consigo compreender todo o ocorrido, consigo compreender o que é dar valor a si e conviver com quem amamos. Por amor vivi uma vida pelos outros e hoje percebo que o que intitulava de grande amor se transformou em obsessão e posse.

    Amo profundamente os que passaram pela minha vida quando encarnada e rezo para que me perdoem pelas suas vidas que tentei controlar, e me esforço a todo momento para interiorizar o amor-próprio e me desfazer do desequilíbrio do apego; me encontro viva e mais saudável do que quando cheguei e caminho a passos largos para o renascimento e uma nova vida com amor, e não posse.

    Jaqueline

Programa – 18/12/2016

Nada Está Solto

Nada está solto, vamos lá; a espiritualidade tem observado que todos nós aqui neste planeta ficamos muito irados, indignados, essa é a palavra, porque, quando não acontece aquilo que planejamos, não acontecem as coisas que queremos, ficamos irados, mimados, "não quero mais, nada acontece, já tentei de novo", aí você fala para a pessoa: "tenta de novo", não adianta, é como a música do Lenine fala: **"tudo é de acordo com a sua crença"**. Aquilo que você acredita é verdade para você; se você diz que não vai dar certo mesmo, eu já tentei, não vai dar certo mesmo. Agora é interessante que, quando as coisas não saem como se quer, existem pessoas que muitas vezes chegam a se comparar com outros seres, e por quê? Porque, para aquela pessoa, a vida da outra vai, ela consegue tocar a vida, e por quê? Essa pessoa é feliz, como eu já ouvi falar: "eu conheço as pessoas da minha rua, todo mundo casou, menos eu, estou solteira; por que acontece com todo mundo e comigo não acontece? Muitas vezes, a gente se compara com outras pessoas, e o plano espiritual está dizendo, tem uma frase muito conhecida, é assim: **você quer conhecer uma pessoa? Dê poder para ela!** Aí vocês vão querer saber o que tem a ver essa frase com o nosso assunto? A espiritualidade está dizendo que tem tudo a ver, por quê? Porque nada no Universo está solto, tem gente que pensa: "ninguém liga para mim, ninguém me olha", nada está solto como a gente imagina. Ou seja, a evolução acontece para todo mundo, só que acontece para cada um de uma forma, de um jeito.

De repente uma pessoa aqui precisa aprender sobre o perdão, a outra precisa aprender sobre não ficar nervoso, irado, tem aquela pessoa que precisa aprender que há que trabalhar a solidão, que precisa trabalhar a ira, o nervoso, o ódio, tem pessoas que precisam trabalhar o apego, cada um tem uma lição de casa para fazer aqui. Então, às vezes a gente diz assim: "mas não é possível". A evolução acontece de acordo com aquilo que você precisa, e é fundamental, como eles estão dizendo, que nós precisamos lidar melhor com os nossos contratempos. De repente você quer que as coisas aconteçam de acordo com seu planejamento, a coisa não há e acontece um contratempo; se você não souber lidar com contratempo será muito difícil, porque quando acontece a gente fica de bico. Por exemplo, agora há pouco eu acabei de derrubar a garrafa d'água, olhe que contratempo, e eu sempre reclamo do papel higiênico que a Dani traz, agora estava vendo como é útil o papel higiênico. Então nós precisamos saber lidar com um contratempo.

Veja que interessante, por exemplo, hoje de manhã eu não acordei no horário, só que quando eu estava tomando banho comecei a ficar nervoso, mas eu preciso saber lidar com isso, aconteceu e eu preciso saber lidar com um contratempo. Só que muitas vezes a espiritualidade está dizendo, quando acontece um contratempo, quando as coisas não acontecem como a gente quer, a gente se comporta de uma forma muito mimada, ficamos de bico. Por exemplo, você estacionou seu carro e quando volta alguém estacionou ao seu lado, você olha e não consegue entrar para dirigir, conclusão, você tem de entrar pela porta do passageiro. Então, tem gente que fica de bico, que acaba o dia do tipo, "aconteceu tudo errado a gente". Temos aquela mania: "eu acordei com pé esquerdo, com a cara fechada, não é possível que está acontecendo". Muitas vezes focamos no problema e não nas possíveis soluções, muitas vezes nos ocupamos muito em ter razão, em querer sair por cima, como a gente diz. Então a espiritualidade está falando: **tudo que sai de você volta para você**; está querendo viver uma vida superior ou inferior? O que você vai atrair para você? Quando você fica de cara feia, emburrado, chateado? Você vai estar atrair pessoas semelhantes, pessoas que também não são felizes como você, então é imprescindível a gente saber encarar as diversidades e superá-las, e não ficar encalhado e colocar mais isso como uma coleção.

Antes do trabalho, a gente dá uma palestra lá no meu espaço, porque quem dá a palestra junto comigo são os amigos espirituais, então ontem eles falaram coisas muito importantes. Tem uma paciente minha que tinha uma listinha para falar comigo: "eu tinha um monte de coisa para falar com você, mas depois que eu escutei a palestra que você deu lá, tudo isso aqui é reclamação, eu não vou falar mais nada", ela pegou e jogou fora o papel. Olha que interessante, muito legal e, se a gente for analisar, precisa sair dessa condição em que a gente se coloca. Nós temos que fazer o possível e fazer o nosso melhor, sabe por quê? Nós somos constituídos pela matéria-prima do divino, então existe o melhor dentro de você, nós somos feitos dessa matéria do divino, que é o amor, então, por que a gente insiste em mostrar esse nosso lado de ter razão, seu lado negativo? Quando você, desencarnado, tem o seu lado bom, dá uma olhada para si, dá uma olhada para sua família, dá uma olhada na sua mãe, por que você insiste em ficar nesse lado negativo? Vamos ficar no lado positivo, esse lado positivo está dentro de você, nenhuma situação é ruim, a menos que eu não esteja sabendo tirar o aprendizado de tudo isso, tudo que nos acontece está nos favorecendo para nossa evolução, agora você precisa tirar esse aprendizado de tudo isso. Por exemplo, hoje meu telefone não funcionou, então eu já decidi, vou comprar um despertador; porque eu coloquei o despertador no meu celular e a bateria acabou, então eu comprei um despertador, é antigo, mas ele vai funcionar. Então eu foquei hoje, e eu estou dando um exemplo, a gente precisa focar na solução, não adianta ficar reclamando se o copo está meio cheio ou meio vazio, é você que decide. Não fique esperando as coisas caírem do céu, o que cai do céu é sereno. Então nós precisamos fazer a nossa parte, ter esperança, fé, mas esperança e fé com os braços cruzados e não fazer nada não vai resolver nosso problema, então esse papo de acordei com o pé esquerdo é uma ideia implantada que nós temos, como o cantor Lenine na música simples falou: **"logo que eu acredito e vibro, eu emano"**, e é verdade, absolutamente tudo o que ocorre tem por finalidade a evolução do ser.

Hoje eu cheguei aqui, disse: "bom dia, Pedro, tudo bem?" E o Pedro disse: "tudo está caminhando para o melhor", e eu fiquei pensando, veja que interessante, mesmo você que está na bacia das Almas, que as coisas não estão acontecendo com você, nós precisamos pensar o seguinte: tudo está caminhando para o melhor, saiba que você é Deus em ação.

Psicografia

Eu me chamo Hercília, minha grande força quando encarnada foi o amor, o amor pela vida, pelas pessoas, pelos animais, ver tanta maldade no mundo me tirava a força de viver. Nasci em um pequeno sítio no interior de São Paulo, cultivado com muito amor e carinho pela minha família. Filha do meio rodeada por três irmãos homens, quando completei 15 anos meus padrinhos, que residiam em Bauru, me levaram com eles para que eu tivesse uma estrutura de estudos melhor. Apesar da falta que a minha família fazia, essa mudança me trouxe muito amadurecimento. Minha madrinha Nádia, que não teve filhos, me paparicava demais, mesmo assim não conseguia suprir a falta que minha família e minha mãe faziam. Estudei até me formar professora, meu grande sonho era voltar para minha cidade, mas, por mais que tentasse, não conseguia arrumar um emprego, o que me deixou presa em Bauru. Como eu já havia me acostumado com a distância da família, depois de três longos anos longe comecei a trabalhar em Bauru.

Entre idas e vindas da escola, encontrava animais abandonados perambulando pelas ruas, o que me cortava o coração; como eu já morava de favor não me achava no direito de recolher e levar para casa. Até certa tarde, retornando para casa vi um pequeno cachorro sendo espancado e enxotado de uma casa, o choro do pequeno cão me deixou atordoada e quando eu mesma percebi já estava com ele nos meus braços aos berros, desacatando a senhora que o havia espancado. Voltei para casa aos prantos e expliquei tudo que havia ocorrido para tia Nádia; ela, com sorriso meio sem graça, permitiu que Pump morasse em casa, fiquei tão feliz! No outro dia percebi que tio Nelson, meu padrinho, estava com cara fechada, mas não dei atenção, pois tinha o que fazer com Pump. O tempo foi passando e sempre que via algum animal abandonado sentia o meu coração estraçalhado, consegui convencer alguns pais de alunos a recolher alguns animais que perambulavam ao redor da escola, mas como a maldade humana não tem fim, parecia que os animais brotavam aos montes pelas ruas, pelas praças e pelos parques. Filhotes, adultos, velhinhos, fêmeas e machos, sempre sedentos, esfomeados, cruzavam o meu caminho, eu era um ímã para os animais abandonados; quantas noites passei em claro pensando em como esses anjinhos de São Francisco estavam sofrendo de fome, sede e frio ou nas chuvas torrenciais. Minha vontade era levar todos para casa, convencer a tia Nádia, eu convenceria, mas tio Nelson seria um grande problema, eu já estava gastando grande parte do meu salário com comida para os cães. Assim se passaram cinco anos; quando completei 24 anos, tio Nelson morreu depois de uma queda das escadas no serviço, a perda do tio Nelson me abalou muito, agora o que eu tinha era tia Nádia e Pump para nos alegrar. Por mais triste que eu estivesse, chegar em casa era uma alegria, aqueles olhinhos vivos e negros, e o rabinho balançando de um lado para o outro, ele enchia meu coração de alegria. Seis meses após a morte de tio Nelson foi a vez de Pump partir e se unir a ele, e essa nova morte encheu nossos corações de tristeza. Mais uma vez me arrastei por semanas de tanta tristeza. Chegava em casa e não vê-lo partia meu coração, até um domingo que levantei e fui ao mercado com tia Nádia, no caminho encontramos uma mãezinha e dois filhotes abandonados na praça, me desesperei e pedia para a tia Nádia que me deixasse levar os três cães para casa; diante da situação, tia Nádia, sem saída, permitiu que levasse os três para casa no lugar de Pump. Daquele dia em diante encontrei outro cão com a perna machucada, outro cheio de bicheira, outro que só tinha carcaça e as costelas. Depois de pouco mais de dois anos da partida de Pump, tínhamos 15 anjos de São Francisco com os rabos a abanar em casa; os pais dos alunos sempre que possível ajudavam com as comidas para os animais, quanta felicidade eu tinha ao vê-los ao meu redor, e de tia Nádia, já que por tantos afazeres não tinha mais tempo para chorar a morte de tio Nelson. Continuei o meu sonho de convencer as pessoas para recolher e cuidar dos anjinhos abandonados, eu não me importava de não ter dinheiro para passear ou comprar roupa, tudo que me importava na vida eram os anjinhos de São Francisco. Quando completei 35 anos, tia Nádia partiu ao encontro de tio Nelson, e eu fiquei com os meus amados cães. Nessa época eu já estava com 25 animais recolhidos da rua, e os que davam cria no meu próprio quintal. Eu podia passar fome, mas eles não, alguns retirados da rua não resistiram por tantos maus-tratos, outros morreram de velhice. Vê-los abandonados, sofrendo, me trazia dor no coração, por isso os recolhia e pensava: a maldade humana não tem fim. Morri aos 58 anos, deixando a casa de tia Nádia e os meus 32 animais para os meus sobrinhos que, para o meu desespero, venderam a casa e devolveram os meus anjos para a rua. Só depois da minha partida descobri que a família me considerava louca, por ter vivido uma vida toda pelos animais. Quanto ódio senti deles, como perambulei atrás dos meus animais, tentando pedir ajuda para as pessoas, para que os recolhessem, como esbravejei, amaldiçoei aqueles crápulas que eram do meu sangue, sofri até não suportar mais e aceitar ajuda e tratamento.

Hoje compreendo que esse anjos de São Francisco, de alegria infinita, vêm até nós para compreendermos o que é a compaixão e o amor; não são eles que precisam da nossa ajuda, mas sim nós que precisamos aprender com eles o amor incondicional. Toda minha ira e revolta se transformaram em agradecimento a Deus e a São Francisco, pelo grande aprendizado que tive quando no corpo com os anjos de São Francisco, minha vida no corpo não foi perdida, mas sim um grande aprendizado que agora em tratamento tento absorver. Todos nós, seres pensantes, podemos aprender muito com seres amantes como os animais. Fiz muito pouco pelos animais, mas se todos unidos fizésse um pouco isso se tornaria muito, como disse São Francisco: **comece fazendo o que é necessário, depois o que é possível e de repente você estará fazendo o impossível.**

Programa – 25/12/2016

É Natal

Hoje é Natal. A espiritualidade está toda aqui querendo falar sobre esse dia, nós comemoramos o nascimento de Jesus; então, se você for analisar, muitas pessoas começam a comemorar, é uma coisa linda, e muitas vezes se esquecem do aniversariante. Se você for analisar, Deus, nosso Criador incriado, tem oferecido para nós humanos aqui na Terra o modelo e guia para nos espelharmos, que foi Jesus. Os amigos espirituais de luz vêm de certa forma a todo momento reafirmar esse código Divino maravilhoso de amor, que é Jesus, como ele havia prometido. Ele veio realmente fazer e não só falar, veio aqui neste planeta falar de amor, amando; falar de perdão, perdoando. A gente percebe que nesse dia em que se comemora o aniversário de Jesus, não sei se você percebeu, nessa época tão difícil, de crise financeira, você percebe que hoje as vibrações se transformam, essas vibrações de puro amor e você pode se nutrir das energias de amor. Nós temos o nosso roteiro, precisamos colocar em prática esse roteiro de amor, ou seja, nós precisamos colocar nosso coração em ação, precisamos realmente entrar em contato com a nossa alma, com os nossos sentimentos bons, e começar a colocar em ação todo dia.

Na verdade precisamos fazer o bem sem olhar a quem, nós precisamos fazer as coisas sem esperar receber nada em troca, ou seja, precisamos colocar as boas ações. Como hoje, quantos abraços a gente se dá, quantos cumprimentos? Você percebe nesses abraços nossos cumprimentos, a suavidade da solicitude. Quantas vezes nós vamos visitar os nossos entes queridos, e esquecemos das nossas ofensas, nossos rancores. A gente começa a se solidarizar. Na verdade, nós precisamos fazer do Natal essa energia gostosa, e dizer que todos os dias é Natal, que todos os dias precisam ser iluminados, que nós temos que olhar como uma oportunidade que a gente tem a cada dia. Cada dia que a gente está aqui neste planeta, ocupando esse corpo físico, é uma oportunidade maravilhosa para aprender, se transformar. Nós podemos deixar o homem velho, realmente constituir esse homem novo, tendo vontade de melhorar a cada dia. E você melhor a cada dia, quando encontra realmente com a sua alma, com esses sentimentos maravilhosos, que nós todos temos, pode sentir em sua alma, lá no íntimo da alma, a glória de Deus e a paz na Terra aos homens de boa vontade.

Então, nós estamos aqui hoje, realmente podemos ficar de uma forma boa, praticar isso. Hoje de novo é Natal, e essa época de comemoração; a gente vê, Avenida Paulista, a cidade toda iluminada, com aquelas luzes, aquelas coisas bonitas coloridas, a gente percebe os carros, os condomínios, ou mesmo nas casas, o pessoal reunido, como você está reunido com a sua família hoje, de repente vão trocar presentes, abraços; essa celebração, que realmente significa o nascimento do mestre Jesus. E aqui para nós, estando a seis dias do encerramento de um período, entre os mais diversos pensamentos, o que mais observamos é que esse ou aquele pensamento sempre tem alguma coisa negativa, sempre vem muitas vezes uma saudade, a gente precisa respirar fundo e fazer desse instante muito bom, um momento maravilhoso.

A gente vê muitos seres fazendo a mesma súplica: "Poxa, eu gostaria que o ano fosse bom, porque o fato que ocorreu esse ano não foi muito bom, eu gostaria que isso não ocorresse mais", então é o momento, nesse aniversário de Jesus, o mesmo na passagem de ano, fazer aquelas reflexões. A gente fica: "poxa vida, eu quero suplicar, eu quero orar, eu quero que aquele fato que ocorreu ocorra mais", quantas vezes você já parou para fazer uma análise da sua vida? Para se questionar por que determinada situação ocorre? Por que aquilo ocorreu de novo comigo?

Sabe, meus caros, um dos segredos da libertação é a consciência, nós precisamos de uma vez por todas trabalhar a nossa consciência, eu vou lhe dizer algo que não é muito agradável, mas é real: a mente afeta o corpo e o corpo afeta a mente, digo isso porque muitos estão nessa sintonia hoje. A gente se tortura dia após dia, muitas vezes com mágoas, rancores, com as coisas que acontecem com a nossa família, com nossos amigos, as coisas que aconteceram neste ano no seu trabalho; a gente se magoa, fica chateado, não aceita determinadas coisas, isso acaba adoecendo a nossa matéria, você sabia disso? Por isso que a mente adoece o corpo e o corpo adoece a mente, quando a gente não aceita determinadas coisas, quando a gente não entende, não perdoa, cultiva a mágoa, rancor, cultivando dentro de nós o lixo emocional. E vai chegar uma hora em que nós vamos ficar doentes, você agora deve estar achando todo esse papo de repente confuso, ou sem nexo. Nós estamos no Natal, mas o que estamos aqui tentando explicar para todo mundo é que a libertação que tanto procuramos está completamente atrelada a mais duas vertentes, que é a consciência e a gratidão, a consciência lhe traz o quê? Os fatos tais como eles são, e não como desejamos, o queremos; e a gratidão? Abre as portas do Universo para libertar, é uma forma de aprendizagem, quem não quer ser livre? Quem não quer se livrar das coisas desagradáveis? Mas você só se livra quando tem consciência daquilo lhe trouxe um aprendizado, e se algum fato está acontecendo com você não é por acaso, é para você aprender uma lição. Quando você tem consciência dessa lição, se liberta, então a consciência desse aprendizado ele funciona quando você percebe o que esse fato está querendo lhe mostrar.

Por muitas vezes ficamos enfermos por nossa própria negligência com o nosso corpo, com o nosso invólucro, ao invés de a gente refletir. Quando está refletindo você está tomando consciência, e dizer ao Universo obrigado, porque graças a essa doença estou refletindo através dos pensamentos, dos meus sentimentos e das minhas atitudes. É por isso que está doente, então você vai aprender essa lição; ao invés de a gente refletir com consciência e agradecer, sabe o que a gente faz? Fica mais doente, sabe por quê? A gente começa a reclamar, primeiro que não tem consulta, agora com os médicos dos planos de saúde, o pessoal não consegue marcar, só daqui três meses, e há casos que só daqui seis meses consegue marcar. Chega lá, às vezes um médico está com algum problema e vai passar você para outro dia, você sabe do que eu estou falando. E aí, quando você passa no médico, ele lhe dá uma receita, aí começa o problema; a gente começa a reclamar que o remédio está muito caro, está mesmo, e a gente começa a reclamar, só que nós estamos perdendo a oportunidade de tomar consciência, ou por que o Universo está me trazendo isso? O que eu tenho que mudar? Não, a gente começa a reclamar que o remédio está caro, que muitas vezes no pronto-socorro o atendimento demora, além dos três ou seis meses que você marcou a consulta, "quando eu chegar lá o atendimento será demorado, será horrível, será lamentável"; enfim, a gente começa a ficar cada vez mais doente e não reflete que o problema que nós recebemos, essa doença, é para a gente tomar um toque do tipo: reflita, acorde, mude o sentimento, mude o seu pensamento, sua atitude, e agradeça, é uma forma que você tem de aprender. Quando você reflete, agradece e toma a decisão de mudar, aquilo nunca mais volta a acontecer, você se cura. A reflexão é a luz na sua consciência, é muito importante; ao invés de a gente reclamar ou ficar resmungando que tem um problema com os familiares, pois, muitas vezes, você está aí almoçando, vai jantar, vai brindar, abraçar, mas, quantas vezes, ao invés de você resolver o problema foi reclamar para outra pessoa, foi comentar, o que acontece? O ressentimento cresce, então nós precisamos resolver o mal pela raiz, nós precisamos dar para essas energias negativas um norte, tirar esse lixo emocional da gente.

Jesus hoje é o aniversariante, já nos trouxe há mais de dois mil anos a forma que nós temos de conduzir a nossa vida, não que exista uma regra, mas a regra maior que Jesus nos trouxe não foi religião, foi o amor. Nós precisamos primeiramente nos amar e depois amar o nosso próximo. Primeiro precisamos nos tratar bem e depois tratar bem o próximo; a gratidão, assim como a humildade, é o passaporte do nosso crescimento; você está agradecendo? Está sendo humilde? Você não é melhor nem pior que ninguém, você é simplesmente você. "Ah! Eu fiz isso errado", então comece a fazer o certo agora. Vamos tomar uma decisão de, a partir desta festa de Jesus, você mudar a sua vida, e que você tenha todo dia essa mesma vibração de amor, de tolerância, solidariedade, de sorrir mais, de ficar mais calmo, de comemorar, se entrelaçar com esses nossos irmãos no caminho. Sabe de uma coisa? Todos os seus familiares são ferramentas que Deus deu para você crescer, então eles, nossos vizinhos, todo mundo que está com você, seus familiares, as pessoas no trabalho, todos são ferramentas maravilhosas de crescimento, e nós precisamos tratar a todos com muita humildade, com muito amor.

Nós temos que olhar o mundo de outra forma, nós temos que olhar as pessoas não como elas são, lamentáveis, atrasadas, não; elas estão em degraus de evolução diferentes, nós somos diferentes, não é errado. Estamos falando em gratidão, e a gratidão também é uma bondade, é um passaporte para o crescimento, então a gente precisa parar de se lamentar, a gente se lamenta muito. Você precisa começar a perceber que a vida não é o que você quer, mas sim o que precisa para evoluir; você, como eu, é funcionário da sua paz e a gente não pode terceirizar essa função. Nos dias que decorrem, é estranho para muitas pessoas aceitar que a doença e as emoções podem de alguma forma estar ligadas, aceitar que uma doença pode ser causada por distúrbios emocionais cada vez mais faz sentido. Se você for analisar, a mudança de seus padrões emocionais vai atenuar as doenças, quer saber de uma coisa? Pode até abolir a doença quando esses padrões emocionais desequilibrados deixarem de existir, então nós precisamos mudar; veja esse dia, não podemos exagerar na bebida, na comida, pois a mente pode afetar o corpo e o corpo pode afetar a mente, precisamos viver com equilíbrio, e assim, as nossas emoções, nós temos que equilibrá-las cada vez mais.

Psicografia

Sim sim salabim, as palavras mágicas do circo. Ah! Circo, picadeiro, esse foi o meu aprendizado; a lona, minha casa; o espetáculo, minha vida. Meu nome é Cristiano, e eu nasci dentro do circo; filho de uma mãe bailarina e de um pai trapezista fiz de tudo no circo desde pequeno, mas foi na mágica que me encontrei, sim a mágica, o circo é mágico, as pessoas que vivem no circo são mágicas, o espetáculo é a maior e melhor magia que existe. Meu dia a dia sempre foi de trabalho pesado, principalmente quando partiamos de uma cidade e começávamos nova vida em outra; desmontar, guardar e remontar tudo novamente levava dias, mas a mágica de chegar à nova terra valia a pena cada esforço.

    Meus pais também cresceram e se apaixonaram dentro do circo, mas eu, apesar de conviver com uma média de 60 pessoas, não consegui encontrar ninguém que me encantasse. Quando completei 16 anos, depois de ter passado por palhaço de picadeiro, ter tentado adestrar os animais, de ter-me aventurado no trapézio, tive a certeza de que meu caminho seria o de mágico; tudo para mim na mágica era tão simples, encantador. Eu tinha pais amorosos e uma família circense magnífica, carregava a liberdade sem monotonia e a aventura de conhecer cidades novas ao longo da vida, tudo era lindo, mas algo me faltava e eu não conseguia perceber o que me incomodava. Até que em uma bela noite de primavera chegou a minha vez de entrar no picadeiro e brilhar, e como de costume pedi ajuda de alguém da plateia; quando as luzes se acenderam lá no fundo vi uma flor brilhar, essa flor tinha os cabelos loiros encaracolados e os olhos azuis mais belos que eu já vi em toda minha vida, eu a escolhi para me ajudar.

    Margarida, meio sem jeito pelos aplausos, veio sorrindo até mim, me deixando, como nunca havia ficado antes, desconcertado. Fiz o meu espetáculo e, ao final, antes que ela voltasse ao seu lugar, pedi que me encontrasse na parte de trás do circo, ela sorriu e deixou o picadeiro. Quando o espetáculo acabou, para minha surpresa, Margarida estava lá, conversamos um pouco e a convidei para voltar ao circo no dia seguinte; no outro dia e ela veio assistir novamente ao espetáculo. Durante 90 dias nos encontramos entre os espetáculos do circo e nos dias de folga, e em longos passeios pela cidade entre parques e praças, sorvetes, algodão-doce. Começamos a namorar, quanto amor transpirávamos e quantas juras de amor foram feitas, mas nosso período naquela cidade acabou e o circo teria que ser desmontado para ser remontando numa cidade a 300 quilômetros de onde estávamos. Meu desespero era imenso e o mesmo sentimento invadia o coração de Margarida, resolvemos que eu conversaria com meus pais e ela com os pais dela para que eu pudesse ficar na cidade morando com eles até que conseguíssemos ter o nosso próprio espaço, mas essa decisão não foi aprovada nem pela minha família, nem pela família dela. Nosso desespero aumentou e combinamos que ela fugiria conosco no circo, e foi o que fizemos, mas quando meus pais descobriram, voltaram e devolveram Margarida aos pais dela. Ficamos 30 dias de castigo, mas antes de devolvê-la lá prometi, entre lágrimas e soluços, que em dois anos, quando completaria 18 anos, eu voltaria para buscá-la. Meus pais não levaram a promessa a sério, mas só eu sabia o que passava no meu coração.

    Sempre que possível enviava uma carta a Margarida, que me respondia pelo endereço que eu remetia e assim sobrevivemos por dois longos anos. Quando completei 18 anos, para desespero dos meus pais, parti rumo à cidade dela que me recebeu de braços abertos, os pais de Margarida se espantaram com o meu retorno para cumprir a promessa e permitiram que eu ficasse na casa deles. Arrumei vários serviços e à noite, com ajuda de Margarida e de sua mãe, aprendia a escrever e a ler. Apesar da alegria de estar perto de minha amada, a vida no circo e a distância dos meus pais me faziam muita falta. Um ano depois nos casamos numa cerimônia simples, mas linda, com a presença da família de Margarida e de toda minha família circense, porém, a partir desse dia, começou um grande impasse: eu queria voltar junto da minha amada para minha vida circense. Margarida não queria deixar os pais, no primeiro momento impus a minha vontade de marido que a contragosto foi acatada por Margarida e por meu sogro. Passamos um ano, para minha alegria, junto ao circo, mas a minha Margarida não tinha mais o brilho no olhar, nem um sorriso encantador como antigamente, vivia chorando pelos cantos de saudade de seus pais. Após um ano descobrimos que Margarida estava grávida, quanta alegria sentimos, pela primeira vez aos prantos Margarida me pediu que voltássemos a viver com os pais dela, não tive como negar, e voltamos à casa do meu sogro, para o meu desespero. Nosso primeiro filho, loiro de olhos azuis, nasceu, e um ano depois chegou nossa menininha linda.

Apesar da família maravilhosa que construí me sentia muito triste. Quando minha pequena Safira completou dois anos e Davi estava com três anos, chegou até nós a notícia de que meu pai tinha se acidentado no trapézio vindo a falecer, deixando minha mãe sozinha. Entrei em pânico, dividido novamente entre meus maiores amores, a essa altura eu e Margarida já tínhamos conquistado uma pequena casa e propus a minha mãe que viesse morar conosco, mas ela não quis, alegando não conseguir viver longe da vida do circo. Conversei com Margarida e passei três longos meses junto com a minha mãe no circo, longe da minha família, quanta dor senti no meu peito de saudade deles. Depois de três meses resolvi deixar minha mãe e voltar para minha família, em seis meses depois recebi a notícia de que a minha mãe havia falecido de pneumonia, me culpei por uma vida toda por abandoná-la. Meus filhos cresceram e formaram suas famílias, me vi envelhecer ao lado da minha Margarida, mas a culpa de ter abandonado os meus pais nunca me deixou. Hoje me encontro em tratamento, descobrindo que a situação mais delicada que existe é ter o corpo no lugar e o coração em outro. A todo momento aprendo um pouco, mas eu tento me desvencilhar do fantasma da culpa que ainda me acompanha, tento compreender a diferença entre amor e apego, principalmente o que significa amadurecimento. Envelhecer não significa obrigatoriamente amadurecer, e entre experiências e aprendizados vou crescendo e me refazendo. Agradeço a todos que me permitiram contar a minha história, e dessa forma retirar mais um peso da culpa que carrego por ter amado tão intensamente quando na Terra e ter vivido dividido entre tanto amor que, na verdade, era um sentimento que vem sempre para somar.

MADRAS® Editora

CADASTRO/MALA DIRETA

Envie este cadastro preenchido e passará a receber informações dos nossos lançamentos, nas áreas que determinar.

Nome _____
RG _____ CPF _____
Endereço Residencial _____
Bairro _____ Cidade _____ Estado ____
CEP _____ Tel _____
E-mail _____
Sexo ❏ Fem. ❏ Masc.   Nascimento _____
Profissão _____ Escolaridade (Nível/Curso) _____

Você compra livros:
❏ livrarias   ❏ feiras   ❏ telefone   ❏ Sedex livro (reembolso postal mais rápido)
❏ outros: _____

Quais os tipos de literatura que você lê:
❏ Jurídicos   ❏ Pedagogia   ❏ Business   ❏ Romances/espíritas
❏ Esoterismo ❏ Psicologia ❏ Saúde   ❏ Espíritas/doutrinas
❏ Bruxaria   ❏ Autoajuda   ❏ Maçonaria ❏ Outros:

Qual a sua opinião a respeito desta obra? _____
_____

Indique amigos que gostariam de receber MALA DIRETA:
Nome _____
Endereço Residencial _____
Bairro _____ Cidade _____ CEP _____

Nome do livro adquirido: **História entre Dois Mundos**

Para receber catálogos, lista de preços e outras informações, escreva para:

MADRAS EDITORA LTDA.
Rua Paulo Gonçalves, 88 – Santana – 02403-020 – São Paulo/SP
Caixa Postal 12183 – CEP 02013-970 – SP
Tel.: (11) 2281-5555 – Fax.:(11) 2959-3090
www.madras.com.br

MADRAS® Editora

Para mais informações sobre a Madras Editora, sua história no mercado editorial e seu catálogo de títulos publicados:

Entre e cadastre-se no site:

www.madras.com.br

Para mensagens, parcerias, sugestões e dúvidas, mande-nos um e-mail:

@ marketing@madras.com.br

SAIBA MAIS

Saiba mais sobre nossos lançamentos, autores e eventos seguindo-nos no facebook e twitter:

@madrased

/madraseditora